项目资助：
- 四川省高校思想政治教育研究会2015至2016年度科研课题
- 四川农业大学社会科学联合会马克思主义理论与思想政治教

增强思想政治教育 "二力二性" 的策略探究

雷志敏 邱华 ◎ 著

四川大学出版社
SICHUAN UNIVERSITY PRESS

图书在版编目（CIP）数据

增强思想政治教育"二力二性"的策略探究 / 雷志敏，邱华著. — 成都：四川大学出版社，2022.11
ISBN 978-7-5690-5776-8

Ⅰ.①增… Ⅱ.①雷…②邱… Ⅲ.①高等学校－思想政治教育－教学改革－研究－中国 Ⅳ.①G641

中国版本图书馆CIP数据核字（2022）第207623号

书　　名：	增强思想政治教育"二力二性"的策略探究
	Zengqiang Sixiang Zhengzhi Jiaoyu "Erli Erxing" de Celüe Tanjiu
著　　者：	雷志敏　邱　华
选题策划：	梁　平　王　静
责任编辑：	王　静
责任校对：	廖苾峰
装帧设计：	璞信文化
责任印制：	王　炜
出版发行：	四川大学出版社有限责任公司
	地址：成都市一环路南一段24号（610065）
	电话：（028）85408311（发行部）、85400276（总编室）
	电子邮箱：scupress@vip.163.com
	网址：https://press.scu.edu.cn
印前制作：	四川胜翔数码印务设计有限公司
印刷装订：	成都市新都华兴印务有限公司
成品尺寸：	148 mm×210 mm
印　　张：	5.5
字　　数：	150千字
版　　次：	2022年12月 第1版
印　　次：	2022年12月 第1次印刷
定　　价：	58.00元

本社图书如有印装质量问题，请联系发行部调换

版权所有 ◆ 侵权必究

扫码查看数字版

四川大学出版社
微信公众号

自　序

2021年是伟大的中国共产党成立一百周年，2022年是中国共产党二十大召开之年。著者在四川农业大学社会科学联合会专项课题资助下和在四川农业大学马克思主义学院支持下，在四川大学出版社的帮助下，完成了本书的编撰及出版。

《增强思想政治教育"二力二性"的策略探究》中的"二力二性"一词，来自研读习近平总书记关于"只有打好组合拳，才能讲好思政课，但无论组合拳怎么打，最终要落到把思政课讲得更有亲和力和感染力、更有针对性和实效性上来，实现知、情、意、行的统一，叫人口服心服"[①]讲话精神的学习体会。"二力"指"亲和力、感染力"，"二性"指"针对性、实效性"。思想政治理论课是落实立德树人根本任务的关键课程。本书以习近平总书记有关思想政治教育重要论述为根本遵循，依据中宣部、教育部《新时代学校思想政治理论课改革创新实施方案》等文件精神，根据学生成长规律、思想政治理论教育规律，通过"时间轴＋专题"的撰写思路，针对为什么和怎样增强思想政治教育课"二力二性"进行理论思考和实践探究。本书由"坚守立德树人的育人目标""秉持师德师风建设""创新机制方法　增强使命担当"及"'知农爱农'实践育人途径的探索"四部分构成，提出

---

① 习近平：《论党的宣传思想工作》，中央文献出版社，2020年，第387页。

增强思想政治教育"二力二性"的思路、机制、路径及其方式方法等策略。

本书有两个特点：

其一，"时间轴＋专题"的撰写思路。本书以 20 世纪 80 年代中叶到 21 世纪 20 年代初的大跨度时间为轴，基于大学思想政治教育的视角，以既有关联又有区别的四个专题为翼，阐释增强学校思想政治教育"二力二性"的策略探究。

其二，凸显"知行合一"特质。本书结合相关学科理论研究，在教学经验总结基础上，探究增强思想政治教育"二力二性"的思路、机制、路径和方式方法，表现出马克思主义理论教学与课堂实践、校园实践、社会实践的统一，充分体现"知行合一"特质和现实借鉴意义。

由于著者理论水平和实践能力有限，加之写作时间较为仓促，本书在研究内容、撰写、编排等方面的不足之处也是显而易见的。希望以此抛砖引玉，受教于方家。

著　者

2022 年 3 月于成都

目　　录

第一部分　坚守立德树人的育人目标……………………（1）
　一、高校思想政治理论课建设坚持将政治性和学理性
　　　相统一……………………………………………（1）
　二、社会主义核心价值体系融入高校思想政治理论课
　　　教学………………………………………………（5）
　三、改革开放以来高校马克思主义理论教育的历程……（10）
　四、马克思主义信仰培育的着力点………………………（23）

第二部分　秉持师德师风建设……………………………（30）
　一、新时代思想政治理论课教师师德师风建设的路径
　　　探析………………………………………………（30）
　二、农林高校思想政治理论课教师的三大情怀…………（40）
　三、提升思想政治理论教育实效性的关键在于教师……（48）

第三部分　创新机制方法　增强使命担当………………（51）
　一、构建"双主体主导"型和谐教学新体系的实践与
　　　思考………………………………………………（51）
　二、"心理契约"式思想政治理论课教学模式的构建…（63）
　三、思想政治理论课"三式三法"教学改革与实践……（71）

四、以中国近代史纲要课为例："1+互联网"式教学方法……………………………………………………（81）
五、主流新媒体与高校思想政治理论课相向而行相融相连………………………………………………（89）

第四部分　"知农爱农"实践育人途径的探索……（95）
一、大学精神在高校思想政治理论课建设中的作用探析……………………………………………………（95）
二、"思想政治理论课程+讲好川农大故事"教学探究……………………………………………………（102）
三、互联网背景下"1+3"融动式教学初探…………（111）
四、农林院校思想政治理论课实践育人新体系的构建……………………………………………………（123）

参考文献……………………………………………（134）
附　　录……………………………………………（136）
后　　记……………………………………………（167）

第一部分 坚守立德树人的育人目标

一、高校思想政治理论课建设坚持将政治性和学理性相统一

习近平总书记在学校思想政治理论课教师座谈会上提出了"八个统一",第一个"统一"就是"坚持政治性和学理性相统一"。本节通过分析高校思政课坚持政治性和学理性相统一的必要性和可能性,总结当前我国高校思政课建设面临的机遇和挑战,发挥高校和社会的合力,探讨政治性与学理性相统一的实现路径,为坚定广大学子的理想信念,厚植爱国主义情怀做出有益探索。

(一)高校思政课建设坚持将政治性和学理性相统一的必要性

长期以来,高校思想政治理论课被部分师生看作初高中的政治课,这是对高校思想政治理论课的一种狭隘理解。事实上,高校思想政治理论课不仅是加强高校意识形态教育、做好高校思想政治工作的思想政治课,更是具有学理性的理论课;不仅具有思想性、政治性,更具有学理性。那么,高校思政课建设的政治性和学理性到底指的是什么?为何要将二者统一于高校思想政治理

论课的教学实践中？第一，高校思想政治理论课具有鲜明的意识形态特性，它是贯彻党的教育方针，确保高校社会主义办学方向，为中国特色社会主义现代化建设服务的"政治课"，具有典型的"政治性"。第二，高校思想政治理论课也具有明显的学理性，它以马克思主义科学理论为基础，以传播马克思主义科学理论为主线，是彻底讲明马克思主义理论真理性的"理论课"，具有明显的"学理性"。政治性能保证高校思想政治理论课建设的方向，学理性能保证高校思想政治理论课建设的实效，将二者统一于思想政治理论课建设的实践中，既是增强意识形态教育的现实需要，也是推进马克思主义大众化的理论需要。

马克思指出，"理论一经掌握群众，也会变成物质力量。理论只要说服人［ad hominem］，就能掌握群众；而理论只要彻底，就能说服人［ad hominem］"[1]。高校思想政治理论课本质上是做人的工作，要彻底讲明马克思主义理论的真理性，就要提高思想政治理论课教学的实效性。当代大学生生活在互联网高速发展的时代，接受信息的渠道更加广泛、方式更加便捷，较容易受到多元文化的影响。在这种情况下，为避免多元主义价值观对青年大学生的影响，就必须发挥思想政治理论课"主渠道"的重要作用。青年大学生正处于价值观形成的关键时期，要"扣好第一粒扣子"，就要从当代大学生的思想政治状况和心理认知状况出发，将马克思主义科学理论与生活实际相结合，拉近思想政治理论课与大学生之间的距离，让思想政治理论课更"接地气"，让马克思主义科学理论的真理性更具说服力和引导性。

---

[1] 中共中央马克思恩格斯列宁斯大林著作编译局编译：《马克思恩格斯全集》（第三卷），人民出版社，2002年，第207页。

（二）高校思想政治理论课建设实现政治性和学理性相统一的可能性

自党的十八大以来，高校思想政治理论课建设实现政治性和学理性相统一已具备了理论和现实的双重条件、主体与客体的双重保障。

第一，就高校思想政治理论课建设将实现政治性和学理性相统一的双重条件而言：一方面，自改革开放以来，特别是党的十八大以来，马克思主义中国化取得了比较丰硕的理论成果，为高校思想政治理论课实现透彻的学理分析提供了坚实的理论基础。另一方面，中国特色社会主义显示了巨大优越性，党和国家高度重视高校思想政治理论课建设，为高校思想政治理论课建设营造了良好的改革与创新环境，为实现思想政治理论课建设坚持将政治性和学理性相统一提供了坚实的支撑和保障。

第二，就高校思想政治理论课建设实现政治性和学理性相统一的双重保障而言：一方面，经过多年努力，我们已经有了一支可信可靠、兢兢业业的高校思想政治理论课教师队伍，他们有着坚定的马克思主义信仰，忠于党和国家、忠于人民，有着深厚的爱国主义情怀和强烈的民族责任感。他们在进行思想政治理论课教学过程中，牢记习近平总书记提出的"办好思想政治理论课关键在教师""围绕学生、关照学生、服务学生"的要求，这为高校思想政治理论课建设实现政治性和学理性相统一提供了主体保障。另一方面，新时代的青年大学生展现了朝气蓬勃、锐意进取的良好精神面貌，他们思维活跃、追求新颖，在凸显自我价值中获得进步，主动参与到思想政治理论课课堂教学中，这为高校思想政治理论课建设实现将政治性和学理性相统一提供了客体保障。

(三)高校思想政治理论课建设实现将政治性和学理性相统一的路径探索

高校思想政治理论课建设实现将政治性和学理性相统一是一个庞大的系统工程，需要发挥高校、思想政治理论课教师和社会的合力。

就社会而言，各级党委要严格贯彻落实习近平总书记在全国高校思想政治工作会议和学校思想政治理论课教师座谈会上的重要讲话精神，积极发现和解决高校思想政治理论课建设的突出问题。省委省政府要主动深入高校，了解高校思想政治理论课建设动态，及时发现并解决思想政治理论课建设过程中遇到的问题，为高校思想政治理论课建设营造良好的社会环境；要主动给大学生上党课，为大学生分析当前国内外政治形势，帮助大学生树立良好的价值观和就业观，增强大学生社会责任意识；要加强与高校思想政治理论课教师的交流，了解他们的思想动态和教学效果，对致力于提升思想政治理论课教学实效性的教师给予一定的肯定和鼓励，并发挥好这类思想政治理论课教师的良好示范作用，保证高校思想政治理论课建设具有将政治性和学理性相统一的领导基础。

就高校而言，校级、院级领导班子要主动深入思想政治理论课课堂，在教师"上课"与学生"听课"过程中，从整体上把握高校思想政治理论课建设所处的水平。完善思想政治理论课教师考核机制，摒弃"唯科研"的单轨考量机制，将思想政治理论课教师在开展教学实践的过程中进行的教学改革和取得的教学成果纳入考核体系。完善优秀教师的引入机制，建立不合格教师的退出机制，对师德失范的教师严格实行"零容忍"，对长期未取得任何实际性教学成果的教师酌情考虑将其从教学岗位上劝退，保障高校思想政治理论课建设实现将政治性和学理性相统一的师资基础。

就思想政治理论课教师而言，不仅"政治要强"，而且"本领要硬"，要兼具政治素质和理论素养。思想政治理论课教师要始终处于学习状态，不断审视自己是否对马克思主义理论做到了真学、真懂、真信、真用，是否能够"以透彻的学理分析回应学生，以彻底的思想理论说服学生，用真理的强大力量引导学生"[1]；要加强对学生的人文关怀，倾听学生的声音，课堂上做好与学生的互动与交流，发挥思想政治理论课教学过程中学生和教师的"双主体"作用；要有深厚的爱国主义情怀和强烈的民族责任感，将思想政治理论课教学与相关的科研工作紧密结合起来，实现教学科研"双突破"，保障高校思想政治理论课政治性与学理性相统一的实践基础。

思想政治理论课建设如何坚持将政治性和学理性相统一，这不仅是一个理论问题，更是一个实践问题。不仅需要学者进行相关的理论研究，更需要各方在实践中协同努力，使高校思政工作"因事而化、因时而进、因势而新"[2]。

二、社会主义核心价值体系融入高校思想政治理论课教学

"马克思主义指导思想，中国特色社会主义共同理想，以爱国主义为核心的民族精神和以改革创新为核心的时代精神，社会主义荣辱观，构成社会主义核心价值体系的基本内容。"[3] 加强马克思主义理论武装是中国特色社会主义思想文化建设的根本，

---

[1] 习近平：《论党的宣传思想工作》，中央文献出版社，2020年，第383页。
[2] 习近平：《论党的宣传思想工作》，中央文献出版社，2020年，第277页。
[3] 中共中央党史研究室编：《中国共产党的九十年》，中央党史出版社、党建读物出版社，2016年，第938页。

更是高校思想政治理论教育的核心。我们要始终坚持用马克思主义中国化的最新成果武装、教育大学生，密切联系实际，引导大学生树立正确的世界观、人生观、价值观。

当前社会发展多样化，不断出现新特点、新矛盾、新问题，社会阶层的不断分化和利益格局的不断调整深刻地影响人们的思想意识和价值观念。人们对社会生活利益追求和实现形式的多样化，在思想意识领域必然会引发不同的价值观念，面对这种情况更需要以马克思主义为指导，加强对大学生的社会主义意识形态的教育引导，巩固其思想道德基础。

（一）我国高校思想政治理论课教学主要问题及原因

大学生是宝贵的人才资源，是中国特色社会主义事业的后继者。客观地讲，当前大学生整体素质、精神面貌是积极向上的，思想政治状况主流是好的，高校思想政治理论教育教学是行之有效的，是严格地遵循思想教育的根本原则，即社会主义方向性原则的。但是，我们也不得不看到作为高校思想政治教育主渠道的思想政治理论课，存在被部分大学生漠视的现象。其一，存在逃课的问题。为了解决逃课问题，许多大学通过打卡上课，起早加分甚至使用指纹考勤机，希望以人为的强力因素扭转局面。其二，存在上课不专心的问题。上课时学生的表现是五花八门：有的塞上耳塞听音乐、背英语、玩手机、睡觉……其三，存在网上速成作业、突击死背过考试关等现象。按现行思想政治理论课考评要求，考试是衡量思想政治理论教学质量高低的重要手段。考试成绩由平时成绩和期末卷面成绩两部分构成。作业或读书笔记、小论文等是平时成绩的重要组成部分。为顺利拿到该课程平时成绩的分数，有一些学生直接上网搜寻与作业或论文有关的话题，通过对网上资料进行剪辑，更有甚者直接从网上下载他人的文章以作为自己的作业或论文上交。至于期末的卷面考试，部分学校流行考前老师勾重点,学生突击背重点,考完后就丢教材。

为什么大学思想政治理论课会出现这些问题?因素有很多,除部分大学生自律能力较差,自身素质较低等因素外,客观因素主要有以下几方面。

第一,受国内外社会大环境复杂因素影响。随着对外开放不断扩大、社会主义市场经济的深入发展,我国社会经济成分、组织形式、就业方式、利益关系和分配方式日益多样化,大学生思想活动的独立性、选择性、差异性明显增强,其价值观日益呈现多样化和复杂化的趋势。

第二,这与学校对思想政治理论课的重视程度有关。思想政治理论教育是一门科学,是一项系统工程,离不开学校党政各级部门的重视和切实的科学管理。如果没有真正将思想政治理论教育放在指导思想的位置,如果未能科学地实现课程资源的最大优化,必然会削弱思想政治理论课在整个"立德树人"教育环节中的主渠道地位,亦难以调动思想政治理论课教师的积极性,从而影响思想政治理论课育人功效的最大化发挥。

第三,部分教学还是以教师主讲、学生主听为主的灌输式教学,这是造成思想政治理论课索然无味,大学生不喜欢该课程的重要原因。这种灌输式教学的主要特征是以教师为中心,忽视学生的主体性、参与性,从而出现课堂教学"一言堂"、教师唱"独角戏"的情况。

(二)实现思想政治理论课教育最大实效性的三要素

如何高质量地实施教改新方案,使高校思想政治课的教育教学状况有明显改善呢?除主管部门、学校、家庭、社会等合力齐抓共管,在考、教、评等方面加强交流、总结外,笔者认为关键在于思想政治理论课教师,核心在于创新。

首先,要坚定高校思想政治理论课教师的政治信仰与理想信念。高校思想政治理论课教师是马克思主义理论和党的路线方针政策的宣讲者，社会主义意识形态和精神文明的传播者。因此，自身要不断地提高马克思主义理论素养，提高马克思主义理论学科的科研能力和教学水平，做坚定的马克思主义者。只有这样，思想政治理论课教师才能做表率，做大学生健康成长的指导者和引路人。思想政治理论课教师与其他专业教师的最大不同点就是其独特的思想政治理论教育者的角色定位，这就必然要求教师要真学、真懂、真用、真信马克思主义，自觉从思想上成为坚定的马克思主义者，自觉培养辩证唯物主义和历史唯物主义的立场、观点、方法，科学、全面、实事求是地分析和处理历史和现实问题的能力。对马克思主义的信仰，对共产主义远大理想和中国特色社会主义共同理想的坚守是建设中国特色社会主义价值体系的首要问题，更是思想政治理论课教师要具备的核心政治素质。只有政治素养高的理论课教师才能真正成为大学生健康成长的"良师益友"，才能主导思想政治理论课正确的舆论导向和理论学习。

其次，要改革思想政治理论课的教学方法。这是实现思想政治理论课教育最大有效化的重要一环。第一，更新教学观念。观念是行为的先导，有什么样的观念就会有什么样的行动。教学观念和行为受制于社会发展和学生的身心发展水平。面对自主性、质疑性、参与性日益增强的当代大学生，传统的以教师为中心、教材为唯一资源的模式已不适合于当代大学生的认知水平与理论学习需求。客观现实要求教师必须具备教学改革意识即开放的意识、民主的意识和科学的意识；切实树立以人为本，以学生为中心、教师为主导的教育观念；切实实施三个"一切"，即一切为了学生，为了一切学生，为了学生的一切；提倡贴近生活、贴近现实、贴近大学生的"三贴近"原则。因为理论只有联系实际，才能真正实现思想政治理论教育的实效性。第二，切实进行教学方法的改革。针对当代大学生的思维特点和成长环境，改革教师一味"灌输""一言堂"等旧有的教学方法,尊重大学生的学习主体地位,采用"启发式""研究式""演讲式""多媒体辅助"等方式方法,运用辩论、演讲、讨论、多媒体教学等综合教学手段,组织学生进行校园实践或开展社会实践,充分调动大学生理论学习的积极性,做到思想政治理论教育真正进入思想政治理论课堂,进入大学生的头脑,内化于心,外化于行。第三,根据学情和马克思主义理论课程的教学要求,改革考评机制。新考评机制的核心要义是"重过程重创新"。加强平时训练、测试、练习和学习指导,建立"平时成绩50%"+"期末考核成绩50%"的考评机制,形成平时考查+期末卷面考核、教师评分+学生集体评分+个人自评、线上线下混合式考评等围绕教学目标的多元化、多层次的考评架构。总之,要立足"立德树人"的根本任务和"为党育人、为国育才"目标的全过程实行多元化、多层次的考评机制改革。

最后,要着力提高思想政治理论课教师的教育教学素养。思想政治理论课教学水平最终是由思想政治理论课教师的素质决定的。一般来说,大学教师除要具备专业素养外,还必须具备教育教学素养,尤其是思想政治理论课教师。作为思想政治教育关键的思想政治理论课教师,必须要有扎实的现代教育学、心理学理论与知识,必须博览群书、学识渊博,具有独特的人格魅力,善于与学生进行沟通……作为一个优秀的大学思想政治理论课教师,只有具备较高的教育素质,才能在思想政治理论课教学中得心应手,在日常的教育教学活动中彰显其知识魅力和人格魅力,将看似枯燥的理论化为春风拂面、暖人心怀,让大学生乐学、爱学,学有所用,学有所获,让其真心喜欢,受益终身。

思想政治理论课,是落实"立德树人"根本任务的关键课程。核心价值观是一个国家的重要稳定器,关系到社会的和谐稳定和国家的长治久安。社会主义核心价值体系要真正融入高校思想政治理论课教学，实现思想政治课教育的最大实效性，就要求高校思想政治理论课教师要有坚定的政治信仰与理想信念，必须改革思想政治理论教育方式方法，并有效提升思想政治理论课教师的教育教学能力。

三、改革开放以来高校马克思主义理论教育的历程

高校作为马克思主义理论教育、意识形态教育的主阵地，是青年思想道德建设、社会价值整合的重要途径。高校的马克思主义理论教育是帮助青年"扣好人生第一粒扣子"的重要保障。改革开放四十多年来，高校马克思主义理论教育在不同的社会形势下，从不同的角度实现学科的自我革新和发展，在立德树人和社会发展等方面发挥了独特的历史作用。今天，在全球化的背景下，梳理改革开放四十多年来高校马克思主义理论教育的发展历程，总结其实践经验，对于增强新时代马克思主义理论教育的实效性和实践性有重要启示。

（一）改革开放背景下开展马克思主义理论教育的重要性

自改革开放以来，中国以更加包容和开放的姿态走向世界舞台。"党中央深刻认识到，开放带来进步，封闭必然落后；我国发展要赢得优势、赢得主动、赢得未来，必须顺应经济全球化，依托我国超大规模市场优势，实行更加积极主动的开放战略。"[1]这是遵循社会历史发展规律的选择，因为全球化历史进程是不可

---

[1]《中国共产党第十九届中央委员会第六次全体会议文件汇编》，人民出版社，2021年，第62页。

逆转的，马克思早在百年前就称这一历史进程"使一切国家的生产和消费都成为世界性的了"①。而经济的全球化只是全球化进程的发端，随着世界交往的不断深入，全球化已从经济领域的扩张逐渐演变为意识形态领域内对话语权的争夺。一方面，我们感受着异质文化在全球化的浪潮中表现的不同文化特质，积极吸收异质文化中的积极因素；另一方面，异质文化与我国文化的冲突，实则是价值观念和意识形态的冲突，不可否认资本主义国家正是利用文化交流进行价值输出，以扩张资本主义文化在意识形态领域的话语权。这时，就更需要马克思主义理论教育发挥其文化建设和管理功能，巩固马克思主义在社会意识形态领域的指导地位。

首先，马克思主义理论教育能为社会发展提供精神动力。马克思主义理论作为我国立党立国的指导思想，属于上层建筑的范畴。马克思主义政治经济学理论认为人是生产力要素中最活跃和最根本的要素。而马克思主义理论教育就有利于提高人们从事生产的积极性和创造性，从而提高社会生产的效率。科学技术是推动社会生产力发展的另一因素：一方面，马克思主义理论一贯彰显的探索世界、追求真理的学科特征为培养高科技人才发挥了很好的辅助作用。另一方面，马克思主义理论教育十分注重对受教育者进行历史逻辑思维的训练。从这两方面都不难得出马克思主义理论教育对推动科学技术的发展所发挥的重要作用。生产力和生产关系的矛盾作用贯穿于社会发展的始终，也是马克思主义理论的学科基础。马克思主义理论教育在促使劳动者更好地投入社会生产实践时，也关注生产关系领域，成为变革生产关系、完善机制的推动力。总的来说，高校马克思主义理论教育为促进改革

---

① 中共中央马克思恩格斯列宁斯大林著作编译局编译：《共产党宣言》（纪念版），人民出版社，2018年，第31页。

开放、社会发展提供了精神动力。

其次，马克思主义理论教育为社会发展提供方向保证。改革开放"改革"的是生产关系，"改革"的是机制，而不是根本制度。社会的发展需要过硬的技术本领作为支撑，而如何确保人所拥有的技术本领是为中国特色社会主义建设服务的，就需要发挥马克思主义理论教育的作用。一是大学生可以通过对马克思主义理论的系统学习，了解社会发展的一般规律和我国社会发展道路的历史渊源，引导广大青年学子树立高度的道路自信和制度自信，在改革开放的历史进程中坚定社会主义信念，促使广大青年将自身的学识和才华自觉投放入社会主义事业建设中去。二是马克思主义理论教育本身就具有阶级性。从一定程度上来说，马克思主义理论教育就是意识形态教育，马克思主义理论教育就是要为我国的经济基础服务。就如毛泽东所说："思想工作和政治工作，是完成经济工作和技术工作的保证，它们是为经济基础服务的。"[1] 因此，高校马克思主义理论教育通过帮助青年认识改革开放的实质、引导大学生的政治观念来保障社会的发展方向。

最后，马克思主义理论教育能为社会发展提供稳定的社会环境。改革开放的过程中可能会引发不同利益主体之间的冲突，颠覆人们的传统观念，加剧社会矛盾。马克思主义理论教育通过发挥协调功能调节社会主体之间的关系、减少社会的不稳定因素。了解受教育者的思想发展状况是马克思主义理论教育取得实质性效果的前提，马克思主义理论教育在了解社会主体需求的基础上，在满足社会发展要求的前提下，保持个体需求和社会要求之间存在一定的张力，通过调节经济关系、利益关系尽可能地使人们达成政治共识、行为统一，从而发挥稳定性作用。马克思主义

---

[1] 中共中央宣传部编：《毛泽东邓小平江泽民论思想政治工作》，学习出版社，2000年，第3~4页。

理论教育还可以通过发挥沟通功能加强社会主体之间的情感交流、社会合作，教育主体通过疏通和引导，增加社会主体之间的交流和理解，减少彼此之间的隔阂和矛盾，为营造和谐稳定的社会环境提供保障。

（二）改革开放四十多年来高校马克思主义理论教育实践的经验

高校是马克思主义理论教育的主阵地，也是社会先进思想、先进文化、先进人才的聚集地。自改革开放以来，高校马克思主义理论教育为了顺应时代的发展，从不同的实践路径出发实现学科的自我革新和发展，以充分发挥其立德树人、推动社会发展的历史作用，积累了丰富的马克思主义理论教育实践经验。

1. 重塑马克思主义理论教育的目标

马克思主义理论教育的目标具有基础性和引导性的作用，直接决定了教育者选择的教育内容和教育途径，从而影响教育成效。

自改革开放以来，由于社会环境的变迁和社会发展的需要，高校马克思主义理论教育在不同时期有着不同的教育目标。1986年9月，《中共中央关于社会主义精神文明建设指导方针的决议》指出"培育有理想、有道德、有文化、有纪律的社会主义公民"[1]，以适应社会主义现代化建设的需要。这是邓小平同志在继承毛泽东同志提出的培育"又红又专的青年"的基础之上，将马克思主义理论教育目标与社会主义现代化事业建设相联系，对高校马克思主义理论教育提出的新的要求。江泽民同志在"四有

---

[1] 教育部思想政治工作司组编：《加强和改进大学生思想政治教育重要文献选编（1978—2008）》，中国人民大学出版社，2008年，第79页。

新人"的基础上提出我们必须"努力造就有理想、有道德、有文化、有纪律的,德育、智育、体育、美育等全面发展的社会主义事业建设者和接班人"①。胡锦涛同志在党的十七大报告中强调了"育人为本、德育为先"的教育理念,将素质教育具体化为国家发展战略,首次将科学发展观融入马克思主义理论教育的目标中。习近平总书记在党的十八大报告《坚定不移沿着中国特色社会主义道路前进 为全面建成小康社会而奋斗》中指出要"把立德树人作为教育的根本任务"②,并在全国高校思想政治工作会议上的讲话中指出"必须围绕学生、关照学生、服务学生,不断提高学生思想水平、政治觉悟、道德品质、文化素养,让学生成为德才兼备、全面发展的人才"③。随着社会发展形势的变化、党和国家领导人对马克思主义理论教育的不断重视,高校马克思主义理论教育目标根据国家教育方针呈现具体化的特征,高校马克思主义理论教育的针对性和时效性不断增强。

2. 提升马克思主义理论教育主体的素质

高校思想政治理论课教师作为马克思主义理论教育的主体,是影响马克思主义理论教育客体及成效的重要因素,自改革开放以来,高校通过不同的渠道加强马克思主义理论课教师队伍的建设。

课程建设提升教师队伍的教学水平。改革开放初期,在1980年《教育部关于印发〈改进和加强高等学校马列主义课的试行办法〉的通知》,文件中指出:"社会主义高等学校的性质和马列主义、毛泽东思想教育理论的指导作用,决定了马列主义课

---

① 江泽民:《江泽民文选(第二卷)》,人民出版社,2006年,第332页。
② 《中国共产党第十八次全国代表大会文件汇编》,人民出版社,2012年,第32页。
③ 习近平:《论党的宣传思想工作》,中央文献出版社,2020年,第276~277页。

在整个高等教育中的重要地位。"① 随后，在1984年《中共中央宣传部 教育部关于印发〈关于加强和改进高等院校马列主义理论教育的若干规定〉的通知》，结合社会主义现代化建设的新形势，从办学条件和学生实际出发，对马列主义理论课教师提出了新的任务和要求。在2004年颁布了《中共中央、国务院关于进一步加强和改进大学生思想政治教育的意见》，从马克思主义理论课教学的角度突出了革新教育方法、丰富教学手段的紧迫性。近年各类高校还通过各种赛制、研讨会、讲座等形式对马克思主义理论课教学艺术和教学心得进行交流，不断提升教师队伍的教学水平。

学科建设强化教师队伍的学科意识。《中共中央宣传部 教育部关于进一步加强和改进高等学校思想政治理论课的意见》，强调"学科建设是加强和改进思想政治理论课的基础"②，决定"设立马克思主义一级学科，开展马克思主义理论体系研究，开展马克思主义发展史、马克思主义中国化研究，开展思想政治教育研究，为推进党的思想理论建设和巩固马克思主义在高等学校教育教学中的指导地位，为加强高校思想政治理论课建设，培养思想政治教育工作队伍提供有力的学科支撑"③。学科建设的初步成就提高了马克思主义理论课教师专业定位的准确性，在强化自身学科意识的基础上，深化对学科的认知。随着学科体系的完善，二级学科和研究方向的划分不断细化，对教育主体的专业素质提出了更高的要求。

---

① 教育部思想政治工作司组编：《加强和改进大学生思想政治教育重要文献选编（1978—2008）》，中国人民大学出版社，2008年，第12页。
② 教育部思想政治工作司组编：《加强和改进大学生思想政治教育重要文献选编（1978—2008）》，中国人民大学出版社，2008年，第417页。
③ 教育部思想政治工作司组编：《加强和改进大学生思想政治教育重要文献选编（1978—2008）》，中国人民大学出版社，2008年，第417~418页。

学院建设助推思想政治理论课教师队伍的整体建设。高校马克思主义学院建设是教师队伍建设的重要依托,是实现学科发展、专业发展、教学发展的重要路径。2015年《中共中央宣传部 教育部印发〈关于普通高校思想政治理论课建设体系创新计划〉的通知》为学院建设指明了方向。2017年《教育部关于印发〈高等学校马克思主义学院建设标准(2017年本)〉的通知》不仅仅是各类高校马克思主义学院建设的实施标准,也是思想政治理论课优秀教师的标准。

3. 丰富马克思主义理论的教育内容

马克思主义理论教育的主要内容是教育主客体最为关注的要素之一。马克思主义理论教育具有阶级性,因此马克思主义理论教育的主要内容具有很强的政治导向,而在不同时期,这种政治导向必须立足于社会实践,不断丰富其具体内容。

马克思主义理论不仅包含马克思的主要思想理论,还涵盖在中国特色社会主义建设进程中形成的中国化的马克思主义理论。在改革开放初期,马克思主义理论教育的主要内容以马克思列宁主义、毛泽东思想、邓小平理论为主,而最根本的就是要学习马克思列宁主义、毛泽东思想,要努力把马克思主义的普遍原理同我国实现四个现代化的具体实践结合起来。党的十四大以后,马克思主义理论教育的主要内容在继承改革开放初期的教育内容以外,还将"三个代表"重要思想和科学发展观融入马克思主义理论教育的主要内容之中。出于社会主义市场经济体制建设的需要,还注重对高校大学生的爱国主义、集体主义和社会主义的教育。随后胡锦涛同志提出的以"八荣八耻"为主要内容的社会主义荣辱观成为构成社会主义核心价值体系的重要内容,成为21世纪马克思主义理论教育的重要组成部分。进入新时代以来,习近平总书记对中国的社会主要矛盾和历史方位做出了全新的阐释，马克思主义中国化的最新成果——习近平新时代中国特色社会主义思想成为马克思主义理论教育的新增内容，"这一思想内涵十分丰富，包括新时代坚持和发展中国特色社会主义的总目标、总任务、总体布局、战略布局和发展方向、发展方式、发展动力、战略步骤、外部条件、政治保证等方面的根本问题，并根据新的实践对经济、政治、法治、科技、文化、教育、民生、民族、宗教、社会、生态文明、国家安全、国防和军队、'一国两制'和祖国统一、统一战线、外交、党的建设等各方面作出理论分析和政策指导"①，这进一步完善了马克思主义理论教育的内容体系。

马克思主义理论课是高校大学生的必修课，主要以思想政治理论课为依托，不断将中国特色社会主义实践的理论成果融入思想政治理论课堂，以此不断丰富马克思主义理论教育的主要内容。

4. 创新马克思主义理论教育的形式

马克思主义理论教育的形式多种多样，为了增强马克思主义理论教育的成效，高校在创新马克思主义理论教育形式的道路上不断探索。

马克思主义理论教育的教育客体基数较大，教育主体数量有限，因此课堂教学仍然是高校马克思主义理论教育最主要的形式，也是最重要的形式。在大学生的主体意识不断增强的情况下，思想政治理论课曾经仅仅停留在说教、宣讲、解读的层面，其教育效果不甚理想。在进入21世纪以后，很多高校的思想政治理论课教师颠覆了传统的"老师讲学生听"的课堂模式，通过

---

① 中共中央宣传部编：《习近平新时代中国特色社会主义思想三十讲》，学习出版社，2018年，第5~6页。

大学生的经验分享、小组讨论、案例分析等形式形成"学生讲大家听、学生讲老师评"的模式，实现了师生角色的转换，大大提高了大学生学习的积极性和主动性。以四川农业大学的中国近现代史纲要课程的教学实践为例，教师创设《谈史论道 10 分钟》栏目，让大学生将《中国近现代史纲要》教材重点和党中央当前的重要精神相结合谈自己的所感所悟，教师在一旁做简要点评，调查显示，超过 61% 的大学生非常认可这一形式，课堂效果也较显著。随着 21 世纪的到来，互联网逐渐普及，多媒体成为丰富马克思主义理论课课堂的重要媒介，马克思主义理论教育利用网络为教育客体提供了海量的资料，延伸了知识体系的广度和深度，突破了单一的文本形式；网上选课、视频课程更是促进了高校马克思主义理论教育实现了跨时空的发展。

近几年高校马克思主义理论教育的改革和课堂教学的形式不断创新，高校思想政治理论课甚至走出了课堂。很多高校通过实地参观、调研、开展讲座、辩论等形式多样的社会实践活动，充分调动大学生的积极性，发挥大学生的自主性，提高大学生的参与度和接受度。

（三）改革开放四十多年来开展高校马克思主义理论教育的实践启示

自改革开放以来，高校马克思主义理论教育取得了丰硕的成果。因此，高校马克思主义理论教育的实践经验对于进一步促进新时代高校马克思主义理论教育的发展有着重要启示。

1. 根据受教育者的思想状况和社会发展要求，制定教育目标

确立马克思主义理论教育目标是马克思主义理论教育的重要一环，目标越明晰，教育计划实施的可行性越强，教育才会更有

成效。

制定马克思主义理论教育目标一定要符合受教育者的思想实际和社会发展实际。高校马克思主义理论教育的对象是新时代的大学生,基于大学生的生理年龄特征和社会环境的影响,大学生的独立性人格虽然得到了发展但是还不够成熟,虽然对社会环境具有一定的认知但是还缺乏系统的理论做支撑,所以很容易受到外界的干扰和影响,尤其是来自网络环境的干扰。因此,高校马克思主义理论教师应注重大学生的思想实际,制定有针对性、可控性的教育目标。这就意味着教育目标要超越实际,但是也要将其控制在一定的水平内,使学生通过一段时间的努力能达到一定的思想高度。高校马克思主义理论教育的最终目的就是要为社会主义现代化建设服务,因此教育者一定要遵循社会发展规律,立足中国特色社会主义发展实践,把国家的发展战略作为马克思主义理论教育目标制定的参照物,制定有引导性、方向性的教育目标。马克思主义理论教育目标只有服从于受教育者的思想实际和服务于社会发展,才能实现个人成长和社会发展的成功连接。

个人成长和社会发展在不同的阶段呈现不同的特点,又因受教育者存在个体差异,所以高校马克思主义理论教育的主体要在不同时期调整自己的教育目标,使教育目标因时而异、因人而异,从而保持受教育者思想实际和社会发展要求之间的张力,增强高校马克思主义理论教育的成效。

2. 加强马克思主义理论课教师队伍建设,增强教育主体的主导性

高校思想政治理论课教师是高校马克思主义理论教育的主要承担者,是教育活动的组织者和实施者,具有主导性特征,教师主导性发挥得充分与否会直接影响马克思主义理论教育的成效。因此,高校思想政治理论课教师应该不断增强自身综合素质,提

升教学品质。

加强对教师的理想信念培育。育人先育己,马克思主义理论课教师作为大学生理想信念的培育者,如果自身没有坚定的理想信念,又如何教育和引导自己的学生?因此加强对大学教师的理想信念培育刻不容缓。高校思想政治理论课教师加强理想信念就是要通过研读、讨论、宣讲等方式深化对马克思列宁主义、毛泽东思想和中国特色社会主义理论体系的系统学习和探究,尤其是深化对习近平新时代中国特色社会主义思想的学习贯彻,牢固树立共产主义远大理想,继承老一辈革命党人的优良传统,立足于服务中国特色社会主义社会、服务社会主义大学生,不忘初心、牢记使命。

加强对教师开展多途径的教育培训。习近平总书记在全国高校思想政治工作会议上强调"高校教师要坚持教育者先受教育"[1]。由于社会不断发展变化,只有加强对马克思主义理论课教师的教育培训,才能不断地完善知识结构、创新教育方法,提高职业素养,培养敬业精神。因此,高校马克思主义理论课教师应及时参与教育培训。各高校在充分利用各种机会和平台加强对马克思主义理论课教师的教育培训时,既要注重提高教师的科研能力水平,又要注重加强教师的思想政治素质和职业道德教育,帮助马克思主义理论课教师队伍坚定其理想信念和政治立场,更好地完成大学生思想政治教育工作。

完善教师评价机制。师德师风是衡量一位教师的重要指标,高校逐步建立激励和监督机制不仅是健全学校思想政治理论课教师师德师风建设机制的重要一环,而且是不断增强马克思主义理论课教师成就感和归属感的有力举措。通过完善激励和监督机制,把教师师德考核作为教师职称评定、晋级晋职、评先评优的

---

[1] 习近平:《论党的思想政治工作》,中央文献出版社,2020年,第278页。

重要内容，对违反教师行为规范和职业道德规范的教师应予以严肃处理。

马克思主义理论课教师通过加强自身学习不断提升自己的学科素养和教学水平，一方面增强学生对马克思主义理论课教师的信任；另一方面提高教师策划、组织、实施课堂教学活动的能力，提升高校马克思主义理论教育主体的主导性，充分发挥教师在马克思主义理论教育中的主导作用。

3. 结合新时代社会、学校建设的新实践，丰富教育内容

"党的十八大以来，中国特色社会主义进入新时代。"[①] 新时代的中国特色社会主义建设实践发生了新变化，马克思主义理论教育的内容也应不断丰富其内涵。

高校马克思主义理论教育应将社会主义核心价值观融入教育过程，引导大学生正确处理个人与集体、个人与社会的利益关系，在深化改革、释放社会活力的进程中维持社会环境的和谐稳定。新时代的中国由于综合国力不断增强而不断受到外部环境的干扰与威胁，高校马克思主义理论教育应对习近平总书记提出的"四个自信"做进一步诠释，将马克思主义理论、我国的社会制度、方针政策和优秀传统文化进行结合，以形成新时代马克思主义理论教育的独特优势。

校园文化建设实践是高校马克思主义理论教育的另一重要内容。要将校园文化建设实践作为教育方式，使得高校马克思主义理论教育更微观，也更具成效性。校园文化建设是一个动态的过程，除去由历史积淀而形成的学校精神、校训，其中校风学风建

---

① 《中国共产党第十九届中央委员会第六次全体会议文件汇编》，人民出版社，2021年，第45页。

设、学校管理的规章制度都会随着社会变迁、学校发展而不断发生变化。教师将学校精神、校训等校园文化内容带进高校马克思主义理论教育的课堂，将思想政治理论课教学与校风建设、学校管理相结合，客观上有利于活跃课堂氛围，增强思想政治理论教育的吸引力、感染力，增强理论学习的针对性和实效性。

4. 依托新媒体开拓教育形式，提高受教育者的积极性

如今是由互联网形成的大数据时代，人们无时无刻不在受网络文化的影响，这为高校马克思主义理论教育增加了难度，同时也提供了契机。思想政治理论课教师应进一步加强网络等新媒体技术的应用，拓展和丰富思想政治教育空间和教育方式。根据改革开放以来马克思主义理论教育实践经验得出，创新教育形式有利于调动学生的主观能动性，增强教育成效。

首先，高校马克思主义理论教育教师可以通过微博、微信等新媒体加强与大学生之间的互动，了解学生的思想动向。师生可以通过新媒体进行互动，增加师生之间的平等交流，在这样的情况下学生更愿意将真实的想法分享给教师。在此基础上教师可增加对学生的了解，也使马克思主义理论教育的目的更加明确。这是从教师增加对学生关注度的角度提高大学生参与课堂的积极性。

其次，高校马克思主义理论教育教师将新媒体引进课堂能增强大学生的学习兴趣。课本是马克思主义理论教育课的重要载体，但是新媒体的出现可以使教师将教学载体拓展到影视资料、音频输出、校园广播等，突破以往单一说教的形式，一方面激发学生的学习兴趣，变"要我学习"为"我要学习"；另一方面拓宽学生的知识面，既提高学生获取资料信息的能力，又为学生的综合发展奠定基础。

新媒体技术是当代大学生的兴趣点，利用新媒体对高校马克思主义理论的教育形式进行改革和创新，是促进当代马克思主义理论教育发展的重要途径。

青年是中国特色社会主义事业的希望，在一定程度上代表了未来社会发展的方向和质量。抓好马克思主义理论教育是为青年大学生一生成长奠定科学的思想基础，因此，在任何时候都不可忽视马克思主义理论教育的重要作用，这也是马克思主义理论教育在时代的召唤下不断取得进步和发展的根本出发点。解放思想是中国改革开放四十多年贯穿始终的主线，而对于需要不断革新和发展的高校马克思主义理论教育来说，一是要保持初心，站在前人的肩膀上总结学科发展的历史经验；二是要与时俱进，结合时代背景充分利用好各种社会条件。只有这样才能使高校马克思主义理论教育在总结过去、立足当下、展望未来的过程中发挥更大的社会价值。

四、马克思主义信仰培育的着力点

（一）从"真理的味道非常甜"谈起

身处 1840 年以来中国遭受西方列强的侵略而苦难深重的时代，中国青年不断寻求各种新思潮、新路径希望救国救民于水深火热之中，然而"国家的境况继续一天天坏下去"的残酷现实深刻教育了他们，他们迫切需要一个科学的新的指导思想指引苦难深重的中国，实现民族独立，人民解放。俄国十月革命一声炮响，送来马克思列宁主义。五四运动中的爱国青年，以满腔热血参加到救亡图存、为民族独立和人民解放的革命斗争中，为马克思主义在中国的进一步传播提供了时代机遇与人才条件。一批热血青年不仅接受了马克思主义理论，确立了马克思主义信仰，更

◆ 增强思想政治教育 "二力二性" 的策略探究

重要的是，他们为着信仰不屈不挠地奋斗，在革命斗争实践中淬炼革命意志，坚守崇高理想，不畏生死，敢于担当！马克思主义理论的精髓体现在实践性。陈望道、萧楚女、陈延年、陈乔年、蔡和森、邓中夏等一大批中国共产党人，就是这样一群高举马克思主义信仰大旗，投身革命实践，为了民族复兴而终身践行革命理想的"行知合一"热血青年！"行知合一"的落脚点在于"行"即实践，"行知合一"的实践底蕴充分体现马克思墓碑上的那两行字："哲学家们只是用不同的方式解释世界，问题在于改变世界。"①

新时代的大学生有着不同于沐浴着血与火的那一代代仁人志士的成长环境、社会经历。他们成长在改革开放洪流中，享受着移动互联网下的新媒体时代。世界在变，时代在发展，但青年大学生作为未来各条战线的生力军、主力军的责任担当没有变。而作为高校落实"立德树人"根本任务主渠道的思想政治理论课教师，如何帮助大学生在复杂的国内外局势下，通过对"知行合一"进行锻造，健康成长为中国特色社会主义建设者和接班人。实现"立德树人"目标，是每一个思想政治理论课教师应思考的重要问题与责任使命。

目前，高校大学生为"00 后"，他们生活在信息时代，思想活跃、爱好广泛，虽然接触了形形色色的各种思潮，但绝大多数大学生具备正确的"三观"，有着坚定的马克思主义信仰。但也有部分人对现状、对历史、对发展、对人生、对社会，或困惑，或误解，或迷茫，大学教师需要通过细致入微的思想政治工作以其解疑释惑。作为高校思想政治教育主体的思想政治理论课教师肩负着为学生从理论上和实践上科学解答该怎样理解人生、怎样

---

① 教育部思想政治工作司组编：《马克思主义思想政治教育经典著作选读》，2011 年，第 16 页。

走好人生之路、怎样把个人的前途命运同国家的前途命运联系在一起的责任。而这一解答的过程实际上正是基于"知行合一"的路径培育大学生树立马克思主义信仰的过程，尤其体现在引导他们要信仰当代马克思主义即新时代习近平新时代中国特色社会主义思想，增强"四个意识"，坚定"四个自信"，做到"两个维护"。20世纪20年代的年轻人坚定不移地为民族独立与人民解放，为共产主义信仰而奋斗，是基于中国人民长期救亡实践探索的历史必然性。当今的大学生虽没有亲身经历新民主主义革命时期、社会主义革命建设时期和改革开放初期，然而他们生长在21世纪初期国家崛起的历史性巨变时刻，亲眼看见和感受因祖国的巨变而带来的自身家庭和所处社会的日新月异，看到的是中国式现代化给中国和世界带来的巨大变化。"知行合一"是培育大学生马克思主义信仰的着力点。对于思想政治理论课教师来说，关键是如何通过"知行合一"式的思想政治理论与社会实践教学，让大学生学习了解"中国道路、中国理论、中国制度、中国文化"及中国特色社会主义发展的历史进程，启迪大学生的思想。同时，在学习中走向社会，观察社会，服务社会，切实实现"学"与"习"的结合，即"知"与"行"的合一，坚定其马克思主义信仰，坚定其共产主义信念。无论是从历史还是现实的角度，这是每一个思想政治理论课教师必须回答的重大问题。

（二）大学生马克思主义信仰培育的着力点

一方面，抓住立德树人这个根本点。

国家要发展，人才是关键。习近平总书记指出："我们的高校是党领导下的高校，是中国特色社会主义高校。办好我们的高

◆ 增强思想政治教育 "二力二性" 的策略探究

校，必须坚持以马克思主义为指导，全面贯彻党的教育方针。"①为共产主义事业奋斗终身是在中国共产党入党誓词中被明确提出的，立德，就是要立共产主义理想信念之德，立马克思主义信仰之魂。习近平总书记指出："我国高等教育肩负着培养德智体美劳全面发展的重大任务，必须坚持正确的政治方向。"② 由此可见，树人，就是要培养德智体美劳全面发展的人，即社会主义事业建设者和接班人。中国独特的历史、独特的文化、独特的国情决定了立德树人作为中国特色社会主义高校的立身之本，同时这一论断也是中国传统优秀文化传承发展的必然结果。

高校思想政治理论课本质上是做人的工作，立德树人是知识教育、情感教育和价值观教育的统一，影响着青年学生的思想观念、价值取向、精神风貌。高校思想政治理论课更是马克思主义理论教育的实践载体，不仅体现在理论教学更体现在实践教学上，两个教学互为呼应，相辅相成。只有通过理论与实践的结合，才能促进马克思主义科学理论即"真理的味道"融入学生们的心中，内化为坚定的信仰，外化为行动的指南。

另一方面，搭建马克思主义理论教育实践平台。

我们知道每个时代的思想理论都是这个时代的产物，都会有一定的社会历史实践活动作为基础。习近平新时代中国特色社会主义思想是在新的时代背景和实践条件下创立并不断发展的。习近平总书记在学校思想政治理论课教师座谈会上强调："马克思主义是在实践中形成并不断发展的，要高度重视思政课的实践性，把思政小课堂同社会大课堂结合起来，在理论和实践的结合中，教育引导学生把人生抱负落实到脚踏实地的实际行动中来，

---

① 《习近平总书记教育重要论述讲义》编写组编：《习近平总书记教育重要论述讲义》，高等教育出版社，2020年，第276页。
② 《习近平总书记教育重要论述讲义》编写组编：《习近平总书记教育重要论述讲义》，高等教育出版社，2020年，第276页。

把学习奋斗的具体目标同民族复兴的伟大目标结合起来,立鸿鹄志,做奋斗者。"① 为此,在"知"与"行"的互融互联中,教师应不断探寻马克思主义理论教育实践路径,建构多样化的实践创新平台和形式,成为构建大学生理想信念的桥梁。自 2016 年到 2018 年,以农林理工科为主的四川农业大学(成都校区)中国近现代史纲要课程组开展了"知"与"行"互融的马克思主义理论实践教学新路径的探索,主要搭建了两大平台:

第一,搭建教师规划、学生团队管理、全体学生组队参与的"口述访谈"平台。

该平台以学校或国家重大庆典这一时间点为支点,以中国特色社会主义发展的历史过程,增强"四个自信"为主线,开创了以大学生采访为主、以查阅文献档案为辅的马克思主义理论学习实践教学新途径。从 2016 年的四川农业大学建校 110 周年之际的"川农人百年传奇"口述采访,到 2018 年"致敬改革开放 40 周年"的"川农人的'三农'情怀"口述采访,先后有近 6000 名大学生参与。他们由最初的不解或抵触到后面的乐在其中,从感觉有"意义"到感觉有"意思"。平台让大学生通过采访校友、教职员工知晓了四川农业大学的百年发展史,赋予大历史以小视角,从而让同学更好地理解何为中国梦,在口述采访与思考中坚定道路自信、理论自信、制度自信、文化自信。

2018 年,四川农业大学组织开展了纪念改革开放 40 周年主题实践活动——采访实录·川农人的"三农"情怀。农学院的宏××同学采访雍太文老师后这样感叹:"通过参与了本次对雍太文老师的采访,我有了许多的感触与心得体会。'改革开放'在我个人的记忆里仅仅是一个平常词语,中国社会进行改革开放是

---

① 《习近平总书记教育重要论述讲义》编写组编:《习近平总书记教育重要论述讲义》,高等教育出版社,2020 年,第 385 页。

应该的；然而，通过与雍老师沟通，我才明白改革开放的意义是什么，才知道要改革开放究竟有多难。透过雍太文老师对四川农业大学改革开放后的独家视角，我切实地感受到了四川农业大学改革开放前后翻天覆地的变化。今年是改革开放的 40 周年，也是改革开放的关键期，以往我们是在摸着石头过河，而今已进入深水区，无石可摸。作为一名四川农业大学大学生，我应该努力学习专业知识，提升个人能力，为国家发展贡献自己的一份薄力。"

第二，搭建学生实践成果反馈理论教学的学生宣讲平台。

思想政治理论课要"坚持增强获得感，促进思想政治理论课教学有虚有实、有棱有角、有情有义、有滋有味"①。如何才能增强大学生对马克思主义理论教育的获得感？马克思主义辩证唯物论认为内容决定形式，形式为内容服务，内容和形式互为统一和协调。根据学生"喜闻乐见"和马克思主义理论教育"神形兼备"的原则，借课堂这一主阵地，构建学生实践成果适时融入课堂教学的学生宣讲平台。

搭建该平台的基本思路在于无论是理论学习还是实践学习，无论是教学内容还是教学形式均要服务于教学目标，服从于"四个选择"及"四个自信"。譬如，围绕 2016 年庆祝中国共产党成立 95 周年和纪念长征胜利 80 周年活动中习近平总书记的重要讲话，我们根据四川农业大学校情以及学生的知识结构等状况，确定"中国共产党领导的土地革命"为阶段性的重要教学内容。

为实现教学目标，我们采取三大措施：其一，组织全体同学参加主流媒体人民日报网开展的全国性教育活动——"我心中的长征纪念馆"。同时布置与长征相关问题，适时进行课堂测验，以

---

① 《教育部关于印发〈新时代高校思想政治理论课教学工作基本要求〉的通知》，（2018-04-13）[2022-10-26]，http://www.moe.gov.cn/srcsite/A13/moe_772/201804/t20180424_334099.html。

检验学习效果。其二，组织大学生代表二十多人到位于邛崃的红军长征纪念馆进行实地考察。布置大学生利用文物和现场史料采集和制作"打土豪，分田地"和"军民鱼水情"案例。大学生亲眼看见老百姓的拥红民谣、抗捐军的文稿、划分阶级成分的打油诗、农民分到田的土地证以及老中医为红军疗伤、红军为老中医留下扁担作为新中国成立后领取酬谢物证的真实故事，书本上的"打土豪，分田地"变成活生生的事实，书本上的"军民鱼水情"演变成遗留至今供参观者瞻仰的土扁担。其三，参观的大学生回校后，撰写考察报告和制作教学主题案例，适时嵌入教师的讲课体系，由学生化身老师，转换角色，走上讲台进行相关内容宣讲。

诸如此类的实践活动或围绕课程重点或难点，或依托教师教改课题，以学生小组为调研单位，形成调研成果。譬如四川保路运动遗址调研、十二桥烈士遗址调研等。实践活动围绕教育目标精心设计，将线上线下"虚""实"结合，将案例式与参与式等方式方法进行有机结合，实现了寓教于"乐"、寓教于"实"、寓教于"道"，让历史鲜活了起来。而鲜活起来的"史"与当代大学生树立正确的世界观、人生观、价值观有效相连，学生的主体作用凸显，思想政治理论课教育的实效性增强。

综上所述，实践出真知，实践是生动鲜明的课堂。立德树人就是要通过马克思主义理论学习与社会实践的结合，树立大学生的马克思主义信仰；通过"知行合一"，在理论学习与社会实践中锤炼大学生的理想信念，将当代大学生培养成为能够坚定"四个自信"、坚定共产主义理想信念的全面发展的时代新人。"四个自信"源于近代以来尤其中国共产党领导下的致力中华民族伟大复兴的伟大探索，源于中国特色社会主义伟大实践，更源于中华优秀传统文化。作为"筑梦人"的思想政治理论课教师，要切实帮助大学生健康成长为真学、真懂、真信、真用马克思主义的中国特色社会主义事业的合格建设者和可靠接班人。

第二部分　秉持师德师风建设

一、新时代思想政治理论课教师师德师风建设的路径探析

高校思想政治理论课教师的立身之本在于立德树人。习近平总书记在学校思想政治理论课教师座谈会上强调："思政课是落实立德树人根本内容的关键课程。"[1] 思想政治理论课教师在学生的成长成才路上扮演着重要的指路人和引导者的角色，其言行举止在潜移默化中对学生发挥着示范效应。"坚持教书和育人相统一，坚持言传和身教相统一"[2] 是每一位教育工作者应当牢记于心并贯彻落实的教育理念。思想政治理论课教师是整个教师队伍中对大学生施行德育的中坚力量，更要凸显自身高尚道德修养对学生的良好示范引导作用。自《〈中共中央宣传部、教育部关于进一步加强和改进高等学校思想政治理论课的意见〉实施方案》[3] 实施以来，思想政治理论课教师的师资结构不断优化，教师队伍建设不断趋于科学，但师德问题却被社会各界日益重视。

---

[1] 习近平：《论党的宣传思想工作》，中央文献出版社，2020年，第373页。
[2] 习近平：《论党的宣传思想工作》，中央文献出版社，2020年，第278页。
[3] 教育部思想政治工作司组编：《加强和改进大学生思想政治教育重要文献选编(1978—2008)》，中国人民大学出版社，2008年，第422页。

本节以期在此背景下从近年发生的一些"师德失范事件"的反思入手，在对习近平总书记关于教师教育问题的一系列论述加以研读的基础上，探析新时代思想政治理论课教师师德师风建设存在的问题与缘由，以期探求出适合于新时代思想政治理论课教师师德建设的新思路、新路径，求教于同行学者。

（一）新时代思想政治理论课教师师德师风建设的极端重要性

1. 自觉坚持"以德立身"

思想政治理论课是马克思主义理论教育主阵地，思想政治理论课教师是帮助大学生系好第一粒扣子的育人者，需要具备更高的道德修养水平。他们不仅肩负着学习、研究、宣传马克思主义科学理论，弘扬社会主义核心价值观，为祖国培养品学兼优的中国特色社会主义合格建设者和可靠接班人的重要使命，更重要的是他们是学生成长成才过程中保持身心良好发展状态的标杆和榜样。思想政治理论课教师自身所表现出来的道德行为会成为学生效仿的范本，对学生树立正确的"三观"具有潜移默化的重要影响。因此，"师德师风建设应该是每一所学校常抓不懈的工作，既要有严格的制度规定，也要有日常教育督导"[①]，"要把提高教师思想政治素质和职业道德水平摆在首要位置"[②]。作为承担立德树人关键课程的思想政治理论课教师，更应学习贯彻相关文件

[①] 《习近平总书记教育重要论述讲义》编写组编：《习近平总书记教育重要论述讲义》，高等教育出版社，2020年，第219页。
[②] 《习近平总书记教育重要论述讲义》编写组编：《习近平总书记教育重要论述讲义》，高等教育出版社，2020年，第216页。

精神，自觉做"以德施教、以德立身的楷模"①。

2. 自觉坚持"率先垂范"

加强高校思想政治理论课教师的师德师风建设是思想政治理论课教师自身肩负的使命要求。在价值观多样化的社会大背景下，利己主义、功利主义等不良风气对部分教师产生了不同程度的侵蚀。《中共中央宣传部 教育部关于进一步加强高等学校思想政治理论课教师队伍建设的意见》指出，"从总体上看，思想政治理论课教师队伍的状况，还不能很好地适应新形势新任务的需要。特别是一些学校不同程度地存在对思想政治理论课认识不足，重视不够；教师队伍整体素质有待提高……"②，少数高校教师理想信念模糊，育人意识淡薄，教学敷衍，学风浮躁，甚至存在学术不端、言行失范、道德败坏等问题，严重损害了高校教师的社会形象和职业声誉。因此，作为施行德育主体的思想政治理论课教师更要引以为戒，注重加强提升自身的道德修养水平，充分利用思想政治理论课这个落实"立德树人"主渠道，帮助大学生培育正确的价值观。

（二）思想政治理论课教师师德师风建设中存在的问题与成因

1. 思想政治理论课教师师德建设中存在的问题

其一，身为人师者，责任意识较为薄弱。仔细分析"师德失

---

① 《习近平总书记教育重要论述讲义》编写组编：《习近平总书记教育重要论述讲义》，高等教育出版社，2020年，第210页。
② 教育部思想政治工作司组编：《加强和改进大学生思想政治教育重要文献选编（1978—2008）》，中国人民大学出版社，2008年，第532页。

范事件"，我们不难发现这些悲剧背后的教师都有一个共同点：忘记了自己身为人师，不仅要有渊博的学识，更要有能够对学生发挥道德标杆作用的使命感和责任感。"利己主义"思想成为致使他们道德意识薄弱的思想根源，从而导致言行举止违背师德规范和职业要求。随着社会主义市场经济的进一步深入发展，"金钱和荣誉至上"的价值理念也在高校部分思想政治理论课教师队伍中蔓延开来，具体表现为不注重自己在课堂上的言行举止，忽视高校思想政治理论课教师的关键本领在于对学生"以德化之"；教学过程中常常以自己为中心开展教学工作，却忘记了学生才是课堂的主人，课堂普遍缺乏学生的积极参与；教学方法因循守旧，教学内容照本宣科，不将提升教学效果视作自己的责任。思想政治理论教育效果不佳，学生就难以形成对马克思主义理论的深刻认识，从而较容易受到各种文化思潮的侵蚀和影响，思想层面上表现为公德意识淡薄，实践层面上表现为个人主义倾向明显，思想层面和实践层面上的扭曲可能会对大学生的成长成才都有负面影响。

其二，作为传道授业者，育人理想淡化。无私奉献、不求回报本应是教师这一职业领域内无须言明的职业共识，但在当前人们生活压力不断加大的现实因素制约下，在金钱欲和功名欲的驱使下，部分思想政治理论课教师表现出对自身发展前途的过度关注。思想政治理论课教师的特殊性体现在他们是做人的思想工作，要在学生的思想层面上实现教育教学目标，他们要自觉成为马克思主义的真信者、真学者、真懂者，积极帮助大学生树立正确的"三观"，提高自身道德修养水平。正因如此，思想政治理论课教师的政治理想、自身的人格魅力与修养水平才显得至关重要。关键在于教师是否有坚定的马克思主义信仰，是否能秉持教书育人的初心，是否能从学生实际出发组织和实施教学，不断提升自身的理论素养和道德水平，以身作则并能够持之以恒。但在

◆ 增强思想政治教育"二力二性"的策略探究

社会主义市场经济不断深入发展的过程中,在经济利益动机的驱使下,当前部分思想政治理论课教师的政治信仰和职业理想逐渐淡化,主要表现为逐渐缺乏爱岗敬业精神,过于计较利益得失,教学改革的自觉性和主动性不足,工作创新意识淡薄等。

其三,作为学问研究者,专业能力不强。思想政治理论课教师既是育人者,也是学术研究者。其专业能力可以具体划分为两个方面:专业知识储备能力和教学实践能力。在知识储备上,思想政治理论课教师担负着帮助学生塑造灵魂的重任,不仅要全面而透彻地分析、掌握本学科范围的理论精髓,还要懂历史、法律、教育学、心理学,甚至文学和艺术等知识;在实践能力上,思想政治理论课是对学生的思想进行教化的课程,因此必须采取循序渐进、润物细无声的方式来推进教学进程,教师不仅要掌握大学生对于思想政治理论课的认知,还要了解他们的心声和期待,在保证教学效果能够得到提升的前提下采取他们感兴趣的实践教学模式。当前,思想政治理论课教师存在着"拔尖人才稀少"[①]的重要问题,有些刚踏上教学讲台的青年思想政治理论课教师,由于缺乏教学实践经历,在教学过程中存在着照本宣科的现象,不能做到从学生实际出发开展教学,以致让学生觉得思想政治理论课与自己的实际生活相隔甚远,找不到学习思想政治理论课的价值所在,因而也就缺乏学习热情,加上部分教师专业能力有限,无法实现思想政治理论课教学内容丰富与教学形式多样的统一。更有甚者,少数思想政治理论课教师"讲马"却不"信马",对于一些社会问题一知半解,对于时政热点不能客观正确评价。

---

① 李鹏鸽:《高校思政课教师队伍面临的困境及师德建设途径》,《商丘职业技术学院学报》,2015年第3期,第120~122页。

2. 思想政治理论课教师师德师风问题出现的主要原因

其一，多元价值观的影响。当市场经济潮流带来的"利己"思想与中国传统文化倡导的"舍己"思想发生冲突时，主流价值观的导向作用就显得格外重要。价值观的多样化在当前对于思想政治理论课教师的消极影响主要表现为，部分教师"存在职业厌倦的现象"[1]，敬业精神薄弱，不认同自己的职业身份，不清楚自己的职业价值，比起教书育人，更看重收入水平。习近平总书记指出，我国高等教育"必须坚持正确政治方向"[2]。这就要求思想政治理论课教师要深化对于本职业的认知，增强思政课教师筑魂育人的使命感，提升理论素养和道德情操。

其二，思想政治理论课教师的自我懈怠。习近平总书记指出："一个老师如果在是非、曲直、善恶、义利、得失等方面老出问题，怎么能担起立德树人的责任？"[3] "师德失范事件"产生的主要原因，就是这些教师道德意识淡薄，对高尚道德修养的提升持懈怠的态度。思想政治理论课教师在施行德育过程中一系列道德问题的产生，有外部社会环境充斥着多元价值观的影响，也有高校由于组织机构不完善而疏于对老师们的监管，但追本溯源还是思想政治理论课教师主观上放松了对自己的管理和约束。当然，这种自我懈怠不能完全归结为高校思想政治理论课教师由于责任心缺乏、职业信念不坚定所导致的师德失衡，也有客观的原因，譬如思想政治理论课教师专门人才缺乏导致的教师教学任务

---

[1] 莫岳云：《高校思政课教师素质存在的问题与对策》，《中国高等教育》，2008年第18期，第40~41页。
[2] 习近平：《论党的宣传思想工作》，中央文献出版社，2020年，第276页。
[3] 《习近平总书记教育重要论述讲义》编写组编：《习近平总书记教育重要论述讲义》，高等教育出版社，2020年，第210页。

繁重、心理压力大等现实因素的影响。一方面，由于思想政治理论课专业缺乏高水平人才，高校思想政治理论课师生比远远低于教育部规定的师生比1：（350~400），思想政治理论课教师面临着繁重的教学任务，因而在某些时候难免会产生一些负面情绪；另一方面，长期以来，很多高校"依照规定思政部门的生均教育经费一般为10~20元，但有相当一部分高校未达到20元，一般介于10~20元之间……"[①]，教育经费的不足对高校思想政治理论课教师加强自身理论学习和提高道德水平，以及创新教育教学方法、积极开展教学实践活动等都会产生影响。

（三）"他律"与"自律"——思想政治理论课教师师德师风建设的两大着力点

1. 完善"他律"体系，构建教师师德师风"奖""惩"机制

其一，发挥舆论阵地颂扬与警示的双重作用。"师德失范事件"第一时间为大众所知均是通过网络传播的。在当前飞速发展的信息化时代，舆论引导发挥着牵一发而动全身的作用。习近平总书记在全国宣传思想工作会议上强调，要"坚持提高新闻舆论传播力、引导力、影响力、公信力，坚持以人民为中心的创作导向，坚持营造风清气正的网络空间，坚持讲好中国故事、传播好中国声音"[②]。发挥党对主流媒体的监管作用，是保障社会主义核心价值观在纷繁复杂的多元价值观的冲击中始终占据主导地位的关键所在。理论只有贴近群众生活实际才能被群众理解和掌

[①] 王艳秋：《关于高校思政课教师师德建设长效机制的构建研究》，《教育探索》，2013年第8期，第123~124页。
[②] 习近平：《论党的宣传思想工作》，中央文献出版社，2020年，第338页。

握,各种新闻媒体要深入基层,从人民群众的实践中汲取灵感,再将专业化的理论语言以人民群众可以接受的方式展现出来,将社会主义核心价值观润物无声地根植于丰富多彩的文体活动中,充分发挥隐形教育的重要作用。另外,主流媒体应发挥其强大的舆论导向作用,要对优秀教师的先进事迹进行积极报道,通过树立优秀典型为思想政治理论课教师提供反思自我、加强自身道德修养的范本;还应深入大学生群体,通过大学生切实了解当前思想政治理论课教师道德修养水平所处的层次,以及日常教学过程中所表现出来的言行举止的具体状况,敢于对师德失衡的教师及时处理,发挥反向的警示作用。通过正面的积极引导与反面的及时警示,思想政治理论课教师对于自身道德修养问题能有一个正确的认知。

其二,发挥高校监督、管理的"双管齐下"作用。无论是其他学科教师还是思想政治理论课教师都是普通人,不仅需要整个社会对教师进行正确的舆论引导,还需要发挥高校对于教师的监督和管理作用。高校监督作用的发挥需要有组织机构保障,因此,高校要贯彻落实《中共中央 国务院关于进一步加强和改进大学生思想政治教育的意见》(中发[2004]16号),充分发挥思想政治理论课作为大学生思想政治教育主渠道的作用,[①]可以不定期地考察教师是否专注于教学、有无师德失衡行为、是否符合"四有"好老师的标准,采取多种形式检查思想政治理论课教学效果,使思想政治理论课教师的师德失衡行为能够得到有效的监督和纠正。高校管理作用的发挥需要完善人才选拔标准。因此,高校要从"立德树人"的角度出发,摒弃"唯学历"的选人理念,可以设立一定的考察期,考察期内着重考察思想政治理论

[①] 教育部思想政治工作司组编:《加强和改进大学生思想政治教育重要文献选编(1978—2008)》,中国人民大学出版社,2008年,第532页。

课教师的道德水准，考察期结束后将理论功底强、道德水平高的教师"作为思想政治理论课教学科研组织负责人"①，避免出现思想政治理论课教师由于"无人管"而出现师德滑坡的情况。

其三，发挥道德学识"双轨考量"评价机制的作用。高校思想政治课教师不仅要凭借扎实的专业功底和较强的业务能力帮助学生架构知识体系，形成科学的世界观和方法论，还要教会学生做人的道理，后者的重要性会更加凸显。因此，要"根据思想政治理论课教师岗位职责要求，进一步完善专业技术职务评聘标准，注重考核教学能力和教学实绩"②。高校以及普通社会大众就不能唯科研水平论英雄，要注重对思想政治理论课实效性加以考察，特别是相关教育部门要通过在全社会建立科学、规范、合理的思想政治理论课教师师德评价机制，强化大众对"好老师"的认知。

2. 完善师德"自律"体系，自觉弘扬主旋律

其一，树立"执着于教书育人"的人生理想。思想政治理论课教师只有坚定自己的理想信念，始终保持一颗身为人师的仁爱之心，主动加强自身师德师风建设并以身作则，才能成为受学生尊敬和爱戴的好老师。正像习近平总书记说的那样："老师对学生的影响，离不开老师的学识和能力，更离不开老师为人处世、于国于民、于公于私所持的价值观。"③ 相反，如果思想政治理论课教师仅仅将自己所从事的职业看作一份普通的工作，按部就

---

① 教育部思想政治工作司组编：《加强和改进大学生思想政治教育重要文献选编（1978—2018）》，中国人民大学出版社，2008年，第533页。
② 教育部思想政治工作司组编：《加强和改进大学生思想政治教育重要文献选编（1978—2018）》，中国人民大学出版社，2008年，第535页。
③ 《习近平总书记教育重要论述讲义》编写组编：《习近平总书记教育重要论述讲义》，高教教育出版社，2020年，第210页。

班地上班、下班、领取稳定的工资，就难以认识到思想政治理论课教师这份职业的特殊性，更谈不上能够从学生的成长成才的角度深思自己的教学实践活动。如果思想政治教育课教师职业理想淡化，未能清楚认识自己身为人师最基本的职业理想就是教书育人，那么我们的思想政治理论课的教学质量就难以得到有效保证。因此，高校思想政治理论课教师要坚定政治信仰、强化职业认同、增强责任感，提高自身思想政治理论水平和道德修养水平，要"以人格魅力引导学生心灵，以学术造诣开启学生的智慧之行"[1]。

其二，践行理论与实践相结合的工作方法。师德师风建设不是一朝一夕就能够完成的事，不仅需要法律条文进行约束，更需要发挥榜样的示范作用，教师对榜样的先进事迹有一个"自觉的感悟、评价、改进、提升的过程"[2]。高校思想政治理论课教师应该正确认识自己的缺点和不足，结合自己的实际情况，在日常教学实践过程中自觉发挥榜样对自己言行举止的示范作用，并能够积极主动地寻找自己与榜样的差距，实事求是地面对自身思想道德修养的不足，并在下一次的教育实践活动中加以纠正。通过这种由教育实践获得关于自身师德师风建设不足的认识，再将新认识用于指导新实践，如此反复，最终达到将外在约束转化为内在自觉的良好效果。

其三，培养"吾日三省吾身"的自律精神。道德作为一种规范，本身就不具有强制性，更多时候需要人们通过自省，而达到自我约束。个别教师对学生做出不道德行为，从根本上来说是因为这些教师的心中缺乏师德的标尺。习近平总书记强调，"办好

---

[1] 习近平：《论党的宣传思想工作》，中央文献出版社，2020年，第80页。
[2] 罗韬：《高校"思政课"教师师德建设的特点与规律探析》，《韶关学院学报》，2013年第1期，第176页。

◆ 增强思想政治教育 "二力二性" 的策略探究

思想政治理论课关键在教师"[1]。对思想政治理论课教师而言，能够对高校思政课教师师德师风建设发挥根本作用的还是来自教育者"自律要严"[2]。思想政治理论课教师在课堂上发挥主导作用，因此在教学过程中，教师的一言一行都会在潜移默化中影响学生，高校思想政治理论课教师不仅要学习与教育有关的法律法规，还要不断加强对教育心理学的钻研，了解大学生的心理特点，自觉履行思想政治理论课教学的职责和义务，提高自身思想道德修养，时刻注意自己的一言一行，特别是在思想政治理论课课堂中，教师要遵守教学规范、以身作则，在对自身的不断反省和总结中增强自律。

习近平总书记对思想政治理论课教师的基本素质提出六大要求，即"政治要强""情怀要深""思维要深""视野要广""自律要严""人格要正"[3]，这指出了思想政治理论课教师队伍建设的基本目标。新时代需要素质优良的思想政治理论课教师队伍不断庞大，要求高校思想政治理论课教师以身作则、不忘初心、知行合一地贯彻落实立德树人的重要理念，并切实通过自身理论素养和道德修养的提升，实现对学生润物细无声式的思想引领和道德教化，这既是新时代思想政治理论课教师师德师风建设的核心，更是新时代赋予每一个思想政治理论课教师义不容辞的光荣使命。

二、农林高校思想政治理论课教师的三大情怀

习近平总书记在全国高校思想政治工作会议上强调，"高校

---

[1] 习近平：《论党的宣传思想工作》，中央文献出版社，2020年，第378页。
[2] 习近平：《论党的宣传思想工作》，中央文献出版社，2020年，第382页。
[3] 习近平：《论党的宣传思想工作》，中央文献出版社，2020年，第379~382页。

立身之本在于立德树人"[1]。他在北京师范大学与师生座谈时，不仅强调了师德建设的重要性，还提出了大力加强和改进师德建设的具体要求与殷切期望，那就是要努力培养造就一支"有理想信念""有道德情操""有扎实学识""有仁爱之心的"[2]好老师。

"四有"好老师的内涵丰富、意义深远，是每一个教师尤其是思想政治理论课教师一生追寻的立身之本、立教之本、立研之本。四川农业大学是一所以生物科技为特色，农业科技为优势，多学科协调发展的国家"211工程"重点建设大学和国家"双一流"建设高校，一百多年的奋斗历程构筑了以"爱国敬业、艰苦奋斗、团结拼搏、求实创新"为核心的"川农大精神"，成为西部高校尤其是农林院校砥砺奋进的标兵与旗帜。作为一个在"川农大精神"熏陶下从教十几年的思想政治理论课教师，在学习习近平总书记有关师风师德建设的讲话中，深深地感受到习近平总书记希望教师们用爱心、用知识、用理想、用智慧点亮学生心灵，帮助学生扣好人生第一粒扣子的殷切希望。在十几年的教书育人教学实践中深深地感受到，四川农业大学思想政治理论课教师在"川农大精神"熏陶下铸就的三大情怀与习近平总书记的殷切希望有一致性。

（一）"革命理想高于天"的理想情怀

作为思想政治理论课教师，首先要拥有"革命理想高于天"的理想信念情怀。教师承担着"传道授业解惑"的天职，"传道"是首位的，所谓"人师"，它关乎于人的灵魂塑造。习近平总书记这样阐释："对马克思主义的信仰，对社会主义和共产主义的

---

[1] 习近平：《论党的宣传思想工作》，中央文献出版社，2020年，第276页。
[2]《习近平总书记教育重要论述讲义》编写组编：《习近平总书记教育重要论述讲义》，高等教育出版社，2020年，第207~214页。

信念，是共产党人经受住任何考验的精神支柱。"①

思想政治理论课教师独特的政治教育者的角色定位与政治责任，首先要求自己必须是真学、真懂、真用、真信马克思主义，即自身就要拥有"钙"这个构建人的脊梁的特质。具有坚定政治信仰和高尚的职业道德情操，这是思想政治理论课教师立德树人的前提，是师德建设的核心。"思想政治理论课教师是高等学校教师队伍的一支重要力量，是党的理论、路线、方针、政策的宣讲者，是大学生健康成长的指导者和引路人。"② 中国特色社会主义事业正向深广方向发展，当今世界格局正发生深刻变化，享乐主义、拜金主义等腐朽错误思想无时无刻地影响着高校思想政治理论课教师，做一个一心一意投身于党的教育事业的研究者、传播者，还是做一个三心二意以教书为饭碗的就业者，这是大学生思想政治理论教育成败的分水岭。

思想政治理论课教师加强师德师风建设，就是要自觉加强理论学习以坚定政治信仰，不断提高自己的理论水平和教学水平，做马克思主义的忠实信徒和传播者；就是要把握思想政治理论教育者的主导意识，掌握并善于运用中国特色社会主义理论分析现实问题和思想问题，在理论教学中理直气壮地高扬马克思主义的大旗，宣讲社会主义核心价值观，有针对性地解决大学生的思想问题，主导正确的舆论导向和理论学习，实现教育的实效性，这是马克思主义理论学习是否有效、大学生是否能真懂、真信马克思主义的关键所在。只有在日常生活、学习、教学中自觉内化为坚定信念，外化为行为操守，为人师表，自觉加强师德师风建设，拥有高尚理想信念，教师才能在课堂以其理论魅力、人格魅

---

① 中共中央宣传部编：《习近平总书记系列重要讲话读本》，学习出版社，人民出版社，2014年，第160页。
② 教育部思想政治工作司组编：《加强和改进大学生思想政治教育重要文献选编(1978—2008)》，中国人民大学出版社，2008年，第532页。

力、学识魅力教育感染学生,做学生健康成长的指导者和引路人。

"川农大精神"是四川农业大学百年风雨兼程、厚重文化铸就的兴校之魂、强校之魂。从 1906 年崛起"兴中华之农事"到 1956 年独立建校于偏远闭塞的西部小镇雅安雨城区,首任院长杨开渠先生在开学致辞中说:"我国的山地多于丘陵,丘陵又多于平原,如果不把山地和丘陵的农林畜牧事业作深入研究,培养高级的人才,那么我可以说,我国的社会主义农业建设是不可想像(象)的……我们应该肩负起这一重大的任务,向山地的农林畜牧科学事业进军,完成我们的历史使命。"[①] 正是四川农业大学师生拥有的这种"爱国敬业"的理想信念,促成了四川农业大学从"211"高校到向"双一流"建设的进军这样的历史文化、崇高理想、高尚的道德情操,铸就了四川农业大学思想政治理论课好教师们浓浓的爱党、爱国、爱校、爱农的优良品格。正是因为有理想、有道德,所以刻苦学习马克思主义理论,刻苦学习习近平新时代中国特色社会主义思想,并向四川农业大学历史上和现实中的榜样学习,感召学生,带动学生,采用各种形式生动具体地弘扬社会主义核心价值观,将理想信念、社会主义核心价值观内化于师生的精神追求,外化于师生的自觉行动,实现润物细无声,让"核心价值观的影响像空气一样无所不在、无时不有"的效果,只为"坚持学而信、学而思、学而行,把学习成果转化为不可撼动的理想信念,转化为正确的世界观、人生观、价值观,用理想之光照亮奋斗之路,用信仰之力开创美好未来"[②]。

[①] 四川农业大学编:《杨开渠百年诞辰纪念文集》,内部资料,2001 年,第 4~5 页。

[②] 习近平:《习近平谈治国理政(第二卷)》,外文出版社,2017 年,第 50 页。

（二）如春天般温暖的仁爱情怀

作为思想政治理论课教师，要拥有对学生"如春天般温暖"的仁爱情怀。对学生"如春天般的温暖"，源于青年是祖国的未来，青年是中国特色社会主义事业的建设者和接班人。自1921年中国共产党成立以来，我党取得的伟大成就无不凝聚着青年的奋斗与奉献。正如习近平总书记所讲："现在在高校学习的大学生都是二十岁左右，到二〇二〇年全面建成小康社会时，很多人还不到三十岁；到本世纪中叶基本实现现代化时，很多人还不到六十岁。也就是说，实现'两个一百年'奋斗目标，你们和千千万万青年将全过程参与。"[①] 为此，要关注青年、关心青年、关爱青年，倾听青年心声。习近平总书记强调要"做青年朋友的知心人、青年工作的热心人、青年群众的引路人"[②]。

如何做好习近平总书记所期盼的"做青年朋友的知心人、青年工作的热心人、青年群众的引路人"[③]？这应该是高校思想政治理论课教师人人都该认真思考的大问题。从大学生的实际出发，总体要求就是爱生如己。从大学生的心理认知规律出发，从遵循青年教育工作规律出发，和青年人做平等沟通的良师益友，如春天般热情关怀青年人的成长，关心青年人的心理特性、所思所想。因此，善于引导，勤于疏通，就成为思想政治理论课教师的一门必修课和应尽的责任，也决定了思想政治理论课教师一定要是拥有满满仁爱之心之大情怀的育人者。

拥有仁爱之心的关键在于视学生的成长为己任，视学生的思

---

① 习近平：《论党的宣传思想工作》，中央文献出版社，2020年，第81页。
② 习近平：《在纪念五四运动100周年大会上的讲话》，人民出版社，2019年，第13页。
③ 习近平：《在纪念五四运动100周年大会上的讲话》，人民出版社，2019年，第13页。

第二部分 秉持师德师风建设

想进步为己责。从学生的视角去思考如何实现价值导向、知识传授、能力提升的有机统一,从关怀学生一生幸福的角度设计教学新思路、新路径、新方法,从大学生的获得感中享受思政教师所特有的幸福感。

在实践中,我们曾针对不同的教育主题打造不同板块的师生共享的互动"珍珠链",以满足大学生的学习需求和成长需求。以《中国近现代史纲要·导言》为例:首先,为了了解大学生的思想需求、价值取向,实现有效沟通,集中收集大学生的反馈信息。就大学生关心的问题如大学生对思想政治理论课的态度及影响因素,制作课前问卷,请学生填写问卷收集后进行分类整理,作为确定授课重难点的依据之一。其次,激情对话式地演讲本校成为百年名校的历程,并将本校校史放置到中华民族百年复兴的进程中思考,激发学生对中国近现代史强烈的探究欲望和兴趣。再次,教育目标直指课堂主题:青年人为百年民族复兴做了什么?播放《东方之子钱伟长》《归国》《转折》等视频并讨论,讲述四川农业大学著名科学家杨开渠、杨允奎老师的弃工弃医学农和颜济老师的弃医从军抗日继而学农的传奇历史,强烈激发大学生的报国情怀。请他们发言谈感想。通过这样的诱导、启发,形成课题学习氛围。又譬如,笔者曾在 2016 年,通过线上线下等方式走进大学生的生活圈子:根据当代大学生的认知特性,推动近 1000 名学生参加由主流媒体求是网等主办的纪念中国抗战胜利 70 周年的晋级版闯关知识竞答,深受大学生喜爱。此种模式也得到了求是网等主流媒体的肯定,为高校宣传工作探索出了合作新路径。

四川农业大学建校一百多年,历经磨难而不忘"兴农强农",源于师生的艰苦奋斗,也源于教师之间亲人般的关爱和互助。如

◆ 增强思想政治教育 "二力二性" 的策略探究

习近平总书记所讲"团结就是力量，人和才能政通"①。具有仁爱之心是当好思想政治理论课好教师的关键。因为教师有仁爱情怀，所以对大学生的人生发展真诚关爱并呵护成长；因为教师有仁爱之心，所以将这种责任体现到平凡、普通、细微的教学过程，平等对待每一个学生，尊重学生个性，理解学生情感，让所有学生健康成长，成为社会需要的有用之才。

（三）"知农爱农"之"三农"情怀

习近平总书记高度重视"三农"工作。他指出，全面建成小康社会，最艰巨的任务在农村。"中国要强，农业必须强；中国要美，农村必须美；中国要富，农民必须富。"② 农业基础稳固，农村和谐稳定，农民安居乐业，整个大局就有保障，各项工作都会比较主动。自党的十八大以来，习近平总书记作出了一系列关于"三农"的重要论述，对解决我国"三农"问题具有重大指导意义。四川农业大学以 1906 年"振兴野业"而立校、兴校、强校。经过几代教职员工的传承积淀，最终形成了爱国敬业、艰苦奋斗、团结拼搏、求实创新的"川农大精神"，形成了凝聚人心、鼓舞士气和推进工作的宝贵精神财富。"川农大精神"是四川农业大学发展的优质基因，为四川农业大学的教职员工包括思想政治理论课教师提供了前进的原动力。

在新时代奔向"两个一百年"的奋斗目标进程中，"理想""责任""创新""人和"等特有品质深深地烙印在四川农业大学思想政治理论课教师的学习中和实践中，激励思想政治理论课教师"不忘初心、牢记使命"。我们结合校本文化，在思想政治理

---

① 习近平：《之江新语》，浙江人民出版社，2007 年，第 178 页。
② 中共中央宣传部：《习近平总书记系列重要讲话读本》，学习出版社，人民出版社，2014 年，第 68 页。

论课教学科研与文化传承方面，追随农林高校"振兴乡村"，在第二课堂尽展"知农爱农"之"三农"情怀。为弘扬"川农大精神"，将口述历史这一方法引入教学实践，创设以学生团队为主导的系列口述实录主题实践项目，深受学生的欢迎。譬如，开展庆祝四川农业大学建校 110 周年的"口述历史——川农人的追梦岁月"主题实践活动，配合四川农业大学学科建设年的"口述——四川农业大学学科建设实录"采访活动，庆祝改革开放40 周年的"口述实录——川农人的'三农'情怀"主题实践活动，四川省汶川抗震救灾重建家园 10 周年实地调研采访等，将校史、区域史引入思想政治理论课教学内外课堂，让同学们在了解国家发展历史、四川农业大学百年发展历史的过程中，讲好四川农业大学的奋斗故事，探究国家翻天覆地变化的根源，让历史鲜活起来，让社会主义核心价值观以立体的、多样化的形态展示出来，学生非常认同这一教学方法。我们亲身参与的过程，有对了解历史的基本方法的学习和运用，有对具体历史内容的学习和感动，更有能够将这段历史很好地传递给更多人的欣喜。而这也应该是学习历史的最佳效果和目的，只看书是不可能实现这一目的的。

  同时，教师的思想政治理论课研究方向也要向学校的发展目标看齐，应和"三农"的发展步伐。譬如，西双版纳作为面向全国、辐射南亚东南亚的国家第二大南繁基地，也是四川农业大学教学科研的重要平台，我们与云南西双版纳的科学家联合申报成功"中国政府替代种植政策演变及基本经验"的省级课题，并应邀参加撰写《中国 30 年农业政策发展历程》，被纳入中老（挝）科技培训内容；针对社会热点焦点问题，与本校农业科学家们合作成功申报四川省社会科学普及项目"转基因：魔鬼？天使？"，进行农业科普知识的宣传。

  追求新知、勇于实践的"三农"情怀，也促使思想政治理论课教师不断学习，让自己与时俱进成为学识"一潭水"①。当一个浑然散发着浓浓的理想情怀、仁爱情怀、"三农"情怀，始终坚定捍卫中国特色社会主义理想信念的一个马克思主义理论教师，出现在"90后""00后"大学生面前，其人格魅力、其理论宣讲一定会深深地影响大学生，潜移默化为其内在的理想信念、外在的行动规范，促使其终身受益。

三、提升思想政治理论教育实效性的关键在于教师

作为中国特色社会主义事业的合格建设者和可靠接班人的大学生，他们的素质特别是政治素质关系着党的事业后继有人和国家长治久安，关系着中华民族的伟大复兴。

那么，如何调动各种合力凝聚为立德树人的磅礴力量，将社会主义核心价值体系切实融入思想政治理论教育过程，实现思想政治课教育实效最大化呢？除主管部门、学校、家庭、社会等要齐抓共管，在考、教、评等方面加强交流、总结、推陈出新外，笔者认为其关键在于思想政治理论课教师。

其一，坚守教书育人初心，增强思想政治理论课教师的政治信念与历史使命感。习近平总书记强调，"办好思想政治理论课关键在教师，关键在发挥教师的积极性、主动性、创造性"②。"思政课教师，要给学生心灵埋下真善美的种子，引导学生扣好人生第一粒扣子。"③ 思想政治理论课教师与其他高校教师相异的独特政治教育者的角色定位，必然要求真学、真懂、真用、真

---

① 《习近平总书记教育重要论述讲义》编写组编：《习近平总书记教育重要论述讲义》，高等教育出版社，2020年，第213页。
② 习近平：《论党的宣传思想工作》，中央文献出版社，2020年，第378页。
③ 习近平：《论党的宣传思想工作》，中央文献出版社，2020年，第379页。

信马克思主义，自觉从思想上成为坚定的马克思主义者，自觉培养用辩证唯物主义和历史唯物主义的立场、观点、方法，科学、全面、实事求是地分析和处理历史和现实问题的能力。政治素养高的思想政治理论课教师才能真正成为大学生健康成长的"良师益友"，成为社会主义核心价值体系的宣讲者、实践者，主导理论课正确的舆论导向和理论学习。

其二，与时俱进，更新教学观念和创新教学模式。北京大学教育学院田玲副教授认为，学生不爱上课，教师应该反省，传统僵化的教育方式是否随着社会和经济发展而有所改变？要改变僵化的教学方式，就要更新教学观念。观念是行为的先导，有什么样的观念，就有什么样的行动。陈旧的教学思想是为了"教"而教，不是为了学生的学而进行科学的教学设计，进而取得教学效果的有效性。显然，传统的教学模式不适于以教师为主导，以学生为主体，师生互动共同构建科学理论体系的现代教学认知原理。课堂脱离了现实社会生活、脱离了学生的认识需求与变化、脱离了教师自身的独特风格与情感，就无法通过教学双边互动活动，搭建师生心灵沟通桥梁，学生便很难做到在亲其师、重其道的基础上，在和谐的课堂教学氛围中，通过思想政治理论课教师的引导而探索新知，掌握科学的思维方法，从而树立正确的世界观、人生观、价值观。在改革开放大潮中成长的这代大学生，具有较为强烈的自主性、批判性、参与性等特质，传统的以教师为中心、以教材为唯一资源的模式已不适用于青年人的认知水平与需求，客观现实要求教师必须具备教学改革意识即开放的意识、民主的意识和科学的意识，切实树立以学生为中心，以教师为主导的教育观念，在教学过程中提倡"三贴近"原则：贴近生活、贴近现实、贴近大学生，做到三个"一切"：一切为了学生，为了一切学生，为了学生的一切。因为理论只有联系实际，才能正确分析现实问题并指导解决现实问题。在思想政治理论课教学中，既没有固定不变的方法，也没有唯一的教学方式，所谓"教无定法"。只有根据高校学生的不同认知特性，结合教学实际，摸索总结再探索，探寻适合教学对象、教学情境的教学方式方法，才能最大程度增强马克思主义理论的说服力和感染力。

其三，提升思想政治理论课教师的教育教学素养。课程实施的水平高低最终由教师的教育教学素养决定的。大学教师除了具备专业素养外，还必须具备良好的教育教学素养，如扎实的现代教育学及心理学理论与知识、独特的人格魅力、善于与学生心灵的沟通……作为一个思想政治理论课教师，只有具备较高水平的教育教学素质，才能在思想政治理论课教学中得心应手，在平常的教育教学活动中展现其知识魅力和人格魅力，将看似枯燥的理论化为能深入人心的教学课堂，让学生乐学、爱学，学有所用、学有所获，让学生真心喜欢，受益终身。

马克思主义之所以具有强大的生命力，因为它具有与时俱进的理论品质；要使思想政治教育春风化雨、润物无声、潜移默化，必须要在创新手段、方式上下功夫；采用大学生喜闻乐见的讲授，或结合现代教育技术等方面创新教学风格；用好大学生的自身经验、教师的个人素养等课程资源，充分调动大学生的积极性、参与性；结合新的社会实际、本土乡情、独特校情与课内外社会实践，增强先进思想和科学研讨的吸引力、说服力；运用"启发式""研究式""演讲式""多媒体辅助"等方法，结合辩论、演讲、讨论、走出去与请进来等综合手段，做到思想政治教育真正深入人心。

第三部分　创新机制方法　增强使命担当

一、构建"双主体主导"型和谐教学新体系的实践与思考

让大学生从思想上真懂、真信、真用马克思主义，这是高校思想政治理论课的重要任务，也是思想政治理论课教师的崇高政治责任。笔者通过开展"以课前课后问卷调研促新课程改革，建'双主体主导'型和谐教学新体系"教学改革，收获了颇为丰富的经验，认识到大学生思想政治理论课教学改革创新的艰辛和迫切。笔者着重从教学实效性的角度对思想政治理论课的教学现状、新教改体系的构建等方面进行初步的分析探讨和经验总结，希望这种实践经验具有一定的示范意义和推广价值。

（一）"双主体主导"型和谐教学新体系构想的背景

"双主体主导"型和谐教学新体系，是指在新教学体系中，坚持教师的思想教育主导者地位，坚持马克思主义理论的主导地位，坚持以教师为主导，学生和教师同为主体的原则下开展生生联动、师生联动，即"2前提2联动"的教学模式。之所以提出这一新的教改思路，主要有以下几种因素。

1. 作为社会主义中国的高校，马克思主义理论学习只能加强，不能放松

马克思主义是迄今为止关于人类历史发展规律的最严密、最有生命力的科学体系。革命先烈抛头颅洒热血，是为了追寻实践科学社会主义的理想；改革开放之所以取得举世瞩目的辉煌成就，是因为没有偏离科学社会主义的发展方向。历史与现实向广大青年展示这样的真理：尽管现在世界上的情况有很多新变化，但历史发展的总趋势并没有越出马克思主义经典中揭示的基本规律。把握了马克思主义发展的这一规律性，我们的信仰就会更加坚定。而坚定理想信念，加强马克思主义理论武装，是中国特色社会主义思想文化建设的根本，也是高校思想政治理论教育的核心。始终坚持用马克思主义中国化的最新成果武装、教育大学生，加强马克思主义理论学习和建设，着力回答现实提出的重大理论和实际问题，密切结合实际，引导大学生树立正确的世界观、人生观、价值观，自觉抵制封建主义、资本主义腐朽思想的侵袭，自觉抵制西方的"西化""分化"，这是每一个高校思想政治理论课教师的政治责任。

2. 面对多元化思潮冲击下的大学生，马克思主义理论学习必须加强，不能放松

作为高校思想政治理论教育主阵地的课堂教学是行之有效的，严格地遵循思想教育的根本原则。当代大学生的整体素质、精神面貌是积极向上的，他们的思想政治状况主要是良性的。然而，当前社会阶层的不断分化和利益格局的不断调整，深刻地影响着大学生的思想意识和价值观念，无论是从思想领域还是从经济领域均呈现多元化、多样性等特点。"大学生是国家宝贵的人才资源，是民族的希望、祖国的未来……大学生的思想政治状

况、道德品质、科学文化素质和健康素质如何,不仅直接关系现阶段中华民族的素质,而且直接关系未来中华民族的素质。"①现实给高校思想政治理论课教学提出了一个严峻的问题:如何通过切实有效的理论学习帮助大学生自觉划分重大是非问题,树立正确的理想信念,成为中国特色社会主义事业的合格建设者和可靠接班人呢?这是每一个理论工作者必须深思的核心问题。

3. 理论课堂的某些散漫现状,需要改革创新马克思主义理论教学模式

理论课堂是大学生思想教育的主阵地,然而,目前存在部分大学生漠视思想政治理论课教学的散漫现象。

陈旧的教学模式是为了"教"而教,而不是为了学生的发展而开展科学的教学设计,进而求得教学教育的实效性,显然,这种教学模式违背了高校思想政治理论课以教师为主导,以学生为主体,师生互动共同构建科学理论体系的现代教学认知原理。

理论课堂的某些散漫现状,表明思想政治理论课的教学实效与党和国家的期望、大学生的期待不相匹配,与大学生的思想成长、受教需求尚不合拍,警示着马克思主义理论方面的教学必须改革创新,才能真正做到高扬马克思主义旗帜,使大学生真心喜爱,终身受益。

(二) 构建以学生为本的"双主体主导"型和谐教学新体系的实践

为了高质量地实施高校思想政治理论课教学改革,力争在几年内明显改善学校思想政治理论课教育教学状况,实现思想政治

---

① 教育部思想政治司组编:《加强和改进大学思想政治教育重要文献选编(1978—2008)》,中国人民大学出版社,2008年,第438~439页。

理论课教育的最大实效性,让大学生从思想上真懂、真信、真用马克思主义,我校中国近现代史纲要课题组自 2006 年开始先后通过对近 8000 位大学生的课前课后的深入调查,尝试了一系列新课程教学改革,初步形成了以学生为本的"双主体主导"型的和谐教学新体系。新体系的支撑点在于思想政治理论课教师的政治信仰与主导意识的强化,着力点在于坚定"双主体主导"新理念,主体内容在于构建以学生科学发展为本设计的"2 前提 2 联动"机制。

1. 新体系的支撑点:理论教师的政治信仰与主导意识

"高等学校思想政治理论课教师是马克思主义理论和党的路线、方针、政策的宣讲者,社会主义意识形态和精神文明的传播者,要不断提高马克思主义理论素养,提高科研能力和教学水平,做坚定的马克思主义者,做教书育人的表率,做大学生健康成长的指导者和引路人。"[①] 思想政治理论课教师相较于其他课类的教师,其更为突出的政治教育者的角色定位与政治责任要求他们必须是真学、真懂、真用、真信马克思主义,具有坚定的政治信仰和强烈的教育主导意识,而不仅仅是一般的知识传授。

只有自觉从思想上成为坚定的马克思主义者,自觉将思想政治理论教学作为自己的事业,使其成为自己生命的一部分,在日常生活、学习、教学中自觉培养用辩证唯物主义和历史唯物主义的立场、观点、方法去科学、全面、实事求是地分析和处理历史和现实问题的能力,才能担当起思想政治理论课教学的政治责任。对马克思主义的信仰,是建设社会主义核心价值体系的首要

---

① 教育部思想政治工作司组编:《加强和改进大学生思想政治教育重要文献选编(1978—2008)》,中国人民大学出版社,2008 年,第 419~420 页。

问题，也是思想政治理论课教师需具备的核心政治素质。

只有坚定自身信仰，自觉加强学习马克思主义理论，坚持不断学习和提高自己的理论水平和教学水平，才能成为马克思主义理论的信仰者和传播者；要自觉运用中国特色社会主义理论分析现实问题，正确认识社会上存在的诸如历史虚无主义等错误思潮，剖析其错误本质，才能理解社会主义的核心价值，有针对性地解决大学生的认识偏差问题。这是马克思主义理论学习是否有效、大学生是否能真懂、真信马克思主义的关键之所在。

2. 新体系的着力点："双主体主导"新理念

通过近几年不断进行教改探索，笔者发现大学生有很多思想困惑，很希望与教师进行交流。教师什么时候真正将学生作为教学主体，急他们之所需，解他们之所惑，有的放矢地进行思想疏通和引导，什么时候就实现了教学实效性的最大化。因此，笔者认为教学改革的实效性在于确立以学生为本的"双主体主导"型和谐教学新体系，即教师和学生同为教学主体、由教师主导的思想政治教育新理念，在于切实构建以学生为本的生生联动、师生联动、课内外联动的和谐教学新体系。

坚定以学生为本的"双主体主导"型的思想政治理论教学新理念。在此理念下，师生共为主体，教师为主导者，马克思主义理论为主导思想。

新理念坚持以大学生为本不动摇。思想教育的对象是大学生，他们是教育的主体。当代大学生有着较强的自我意识，喜欢捕捉新观点、新思想、新潮流，有着较强的自主性和可塑性。面对多元化的意识、网络化的世界、层出不穷的新观点、新材料，以教师为中心、教材为唯一资源、说教式的教学理念与体系已完全不适合大学生的认知水平与需求。大学生们有思想困惑需要教师引导或疏导，客观现实和大学生的主观需求促使教师必须具备开放的意识、民主的意识和科学的意识，切实树立以人为本，以大学生为中心的教育观念，围绕大学生健康发展，在贴近现实生活、大学生实际、思想实际中，设计和实施理论教学和实践教学。思想政治理论课教师应明白马克思主义理论学习不是为了理论而理论，更不是为了单纯完成教学任务，马克思主义理论学习是中国特色社会主义事业健康发展的基础工程。共产党人讲的是实事求是，论的是一切从实际出发，那么马克思主义理论学习能够实现最大实效性的突破点，便是让大学生真正理解马克思主义的立足点也就是一切从实际出发，即从解决大学生的思想困惑问题出发。

新理念坚持主导性原则与大学生认可的多样性手段相结合的课改思路。坚持将教师主导与多样性教学有机结合的教改理念，利用行之有效的方式方法让师生的思维活跃起来，通过思想的碰撞而得到升华，让马克思主义理论如春风化雨般滋润心田，将社会主义核心价值内化为青年的坚定信念，外化为争取进步的实践行动，让马克思主义理论、中国特色社会主义理论真正被大学生认同，并为之奋斗。

以大学生为"本"，并不是让思想政治理论课教师处于"末"势，也不是排斥其主导性，忽视其自身的主体性。相反，思想政治理论课教师作为与大学生并存的教学主体，作为大学生的思想引领者，必须坚持其思想政治教育的主导性地位不动摇和其强势主体地位不动摇。注重因材施教，唤醒大学生的理性思维，引领其向社会主义核心价值观发展，这是思想政治理论课教师的核心任务。因此，以学生为本要注意不能从一个极端走向另一个极端，由"一言堂"走向极端的"群言堂"，让教师失去理论阵地指挥员的职责，丢失宣讲马克思主义的主阵地。在对比试验中，笔者发现教学中存在为迎合大学生的心理，或为追求学生满意率讲野史和戏说的情形。有些教师采取或讨论或竞赛或主体发言或多媒体演示等花样繁多的学生自主式学习形式，以期达到教学目标，参与者众多，现场气氛热烈，而最终的调查显示：大多数学生认为思想政治理论课课堂活动表面上有大学生积极参与、气氛活跃，但冷静下来一思考还是没有深度的理性分析，没有实际的理论收获……什么是成功的理论学习标准？大学生对此的评价是：既有广度又有深度，既通俗易懂又有理性深度。

坚持以思想政治理论课教师为主导，绝不是使思想政治理论课教师成为教学中的绝对权威，实质是高扬马克思主义理论大旗，深入学习中国特色社会主义理论，坚定大学生科学的正确的世界观、人生观、价值观。因此，以教师为主导的核心即是以科学社会主义理论占领高校思想政治理论课课堂的制高点不动摇。

事实一再证明，大学生学习马克思主义理论不能靠灌输，也不能一味迎合，更不能放任自流，而是需要在尊重教师和大学生的主体地位的前提下，充分发挥思想政治理论课教师的思想政治教育的主导性优势，构建师生共同享有的科学发展的和谐教学新体系。

3. 新体系的主体内容："2 前提 2 联动"机制

"2 前提"：和谐教学体系的运行机制坚持以学生为本、教师科学引导的方针，其运行的基本前提有两个方面。

一是设立学习委员会，组织建设教学班。具体内容是在教师的主导下组建以各小班学习委员为轮值主任的思想政治理论课学习委员会，学习委员会设立轮流主席制，负责课前课后的大学生问卷调查，负责收集整理相对集中的问题，初步拟定大学生自我教育的演讲主题、课程论文展示与评比等事项。学习委员会上接受教师的指导，会下与各小组长联系，广泛收集广大学生的思想动态和信息反馈，为"一会二联动"为中心的"双主体主导"型和谐教学体系的构建提供组织保障。

◆ 增强思想政治教育 "二力二性" 的策略探究

二是在多方调研的基础上,确定"三针对"的思想政治理论教学专题或话题。在教师的主导下,充分尊重学生的主体地位,带领学习委员会,利用课前问卷、小型座谈、个别交流等形式与大学生进行交流沟通,针对大学生认知上相对集中的困惑问题,有机结合思想政治教育教学目标、现实热点焦点及重大是非问题等,最后确定符合课程教学目标和要求、针对性强的教学专题或讨论话题,作为构建和谐教学新体系的基本依据。

譬如,在中国近代史纲要的课程中,通过"两个了解",正确认识"四个选择"的必然性是教学重点,而部分大学生对"五个为什么""四个重大是非问题"等存在一些模糊认识。对此,我们将三者结合,确定教学专题或讨论议题:结合中外近现代历史论证中国选择社会主义的历史必然性与可行性;以1912年和1945年为切入点论证两党制、多党制不适合中国国情的历史探究;近代以来中国人民选择马克思主义的历史过程和理性思考……通过结合大学生的思想实际、现实社会来设计和组织教学,能强烈地激发大学生的好奇心,激发他们对真理的探究,增强对马克思主义理论学习的兴趣。

"2联动":一是生生联动之"让学生走向讲台"的自我教育机制。在教师的主导下,打造"让学生走向讲台"的系列自我教育路径,实现学生与学生思维互动、互教的教学体验。大学生已经具备一定的理论素养和学习经验,他们有强烈的主体意识、参与意识和自我意识,"我要发言!"这已成为当今相当一部分大学生群体的呼声。面对这样一个正处于急需理论导航的青年群体,为了在有限的理论学习中做到思想疏导与思想引导的实效性,在各个教学环节的合力作用下,我们进行了多种"让学生走向讲台"的生生互动教学活动实验。

譬如,"课前十分钟论坛"由学习委员会主持下的各小班轮流实施,编制流程,效果计入各小班平时学业考评。论坛由"历史上的今天"和相关"时事简评"组成，主题实行动态化管理，结合教学主题和当前政论时事热点确定，形式多样化，但必须有教师点评、生生互动环节，让整个课堂的思维动起来。

如以2008级动物科学学院的学生为主的课程论文小分队，针对近150位学生进行问卷调查。经过分析，得出这样的结论：大学生对课前演讲"有61.11%觉得好"。"演讲时，不仅台上的学生能够了解那些问题，通过互动，台下的大学生也可以增长见识拓宽视野，不再是孤陋寡闻、一问三不知的，大学生的思想也变得丰富，认识问题也更具科学理性……通过这种学习，我们自然也就有了更高水平的思想层次……虽然目前我们亲身实践能够去做的事情并不是很多，但是我们必须得先有思想上的认识，才有可能合理地解决那些存在的问题。"

如"我来讲理论"的大学生主题发言机制。为了充分调动大学生参与理论学习研究的积极性，在生生互动、思想碰撞中解决思想困惑，展示自我教育的魅力，初步形成"我来讲理论"的大学生主题发言机制。其主题由学习委员会依据问卷和时政热点提出，教师根据教学目标、进度及时政热点进行最终审定。在该活动中，学生以小组（主讲人和参加者）的形式参与，以小组发言带动班级讨论。或通过多媒体展示讲解、或进行辩论、或辅以情景式表演等类似实践教学的形式，最后由教师点评和总结。时间为10~15分钟，一学期可酌情安排1~2次。

这种机制使大学生的互动性强，受大学生欢迎，只要教师能很好地掌控课堂，协调好各种教学资源，就能凸现思想政治教育的实效性。

二是师生联动之"将教师讲授与学生讨论相结合"的互动教学机制。思想政治理论课教学改革的开展在有些学校出现了一个不好的倾向：教师"一言堂"不行了，就采用大学生多种活动的自我教育为主，或迎合大学生的喜好用众多的影视资料充斥课堂，或完全依赖多媒体教学，教师成为"隐形（声）人"。为了避免类似问题的出现，在教改中，笔者根据大学生的现实情况，坚持探究"将教师讲授与大学生讨论相结合"的师生互动型的主流教学机制。

"将教师讲授与学生讨论相结合"的师生互动机制建设的教改思路源自一项课前调查问卷：

你认为学生在思想政治理论课上表现的决定性因素是（　　）

A. 教师　　　　　　B. 学生

C. 教材　　　　　　D. 包括教师、学生的整体教学氛围

连续四年问卷调查答案惊人的一致：包括教师、学生的整体教学氛围。其实，以学生为本"双主体主导"型和谐教学新体系的核心就在于"教师讲授与学生讨论结合"的师生互动教与学。也许这个模块不算超新，但受到最大多数学生的欢迎。

以 2008 级动物科学学院的学生为主的课程论文小分队就这一主体教学模块，对已接受了教改实验的 2007、2008 级大学生做了一项问卷调查：

中国近现代史纲要的授课方式（　　）是最好的？"

A. 观看纪录片　　　　　B. 老师讲授

C. 老师讲授与学生讨论结合　　D. 其他

选择情况：35.17％选择 A，7.15％选择 B，57.14％选择 C。

中国近现代史纲要最好的授课方式是将教师讲授与大学生讨论相结合。为什么是这样一个结论呢？

以 2008 年动物科学学院的学生为主的课程论文小分队这样分析："从这个比例可以看出，将教师授课与大学生讨论相结合是最受大学生欢迎的授课方式，其缘由也比较浅显。只是单纯地观看纪录片未免显得太过于单调乏味，教师没起到引路人指引的作用，这样的教学效果自然比较低下；如果只是教师授课，而大学生不参与讨论，这样难以调动大学生学习的积极性，而且教师

这样教学也比较累，容易造成大学生和教师双方的不和谐，笔者认为教学效益自然也好不到哪里去，大学生可能不愿意听教师的唠叨；而将教师授课与大学生讨论相结合的办法可谓两全其美，既考虑了调动大学生积极性方面的问题，能够让学生发表他们对于历史事件、问题的看法，有助于大学生的自主思考分析问题能力的增长，又可以减少教师的常规教学时间，老师也能参与讨论，发表观点，加强大学生的历史知识和政治思想觉悟。这种统筹兼顾的方法自然能够获得最广大同学的赞成和支持，对此我们一点也不觉得意外。"

他们的分析客观、理性，代表了多数大学生对课改主体方向的呼声，也指明了增强教学实效性的着力点。

通过不断的教改实验，笔者发现要建设好"将教师讲授与大学生讨论相结合"师生互动主流教学模块，教师要把握好教育教学主题有效实施的进度和深度，不要为了讨论而讨论；教师要体现理论学习的严谨性与科学性，利用好学生感兴趣的本土、本校的相关教学教育资源、时政热点，如生态资源、红色资源、专业资源、人力资源等，增加课堂中的趣味性和吸引力，不要一味迎合部分大学生的猎奇口味等而冲淡、偏离教育主题；要将饱满的激情式授课与冷静的理性分析有机结合，不照本宣科也不能信口开河，不媚俗但要通俗，在有限的时空中通过师生交流互动，生动、立体地展示马克思主义理论学习的魅力，让学生真正理解马克思主义，让马克思主义信仰的基石一块块奠基在"双主导主体"型的和谐教育教学过程中。

（三）教学改革的成效与思考

1. 教改取得成果，收获了经验

其一，实践是检验真理的唯一标准，教改是成功还是失败由大学生说了算。通过连续四年的教改证明，大学生是欢迎并愿意配合理论课教改的。从总体上看，以大学生为本的"双主体主导"型和谐教学新体系的实践，鼓舞人心。此新体系框架初步搭建，新理念、新教学方法在逐渐被大学生认同，在教改理念、操作程序等方面收获了一些成果。

其二，从大学生在理论课堂的表现看，部分大学生对理论课堂的教学效果表示满意。大学生对理论课感兴趣了，听课率提高了，关注度和满意度都提高了。

以中国近现代史纲要的课后调研问卷为例，大学生满意度为98%~100%，满意率在90%以上。

其三，从思想教育的实效性的角度看，实效性明显增强了。大学生尤其在一些重大原则的是非问题上有了正确的理性认识。

在课程结束后的课后问卷中，有些学生情不自禁地写下这样的理论学习收获感言："通过对中国近现代史纲要的学习，我有了加入中国共产党的愿望……"

其四，从终生学习理念的角度看，教师春风化雨式的理论学习和教学延续了大学生课后乃至课程结束后继续进行理论学习及理性探讨的热情与动力。

思想政治理论教育的核心要义在于解决大学生的思想认识问题。教改的目的在于与时俱进，通过更新教学理念和改革教学方式方法，尽快帮助大学生确立正确的世界观、人生观、价值观，使他们能够正确认识历史问题和现实问题，正确把握好社会发展方向，成为中国特色社会主义事业合格建设者和可靠接班人。

2. 新体系需不断完善，新旧问题仍需要不断思考和解决

当然，新体系还在探索之中，还有很多不足之处，需要去改进和完善，新旧问题交织，还需要我们进一步去思考、去解决。

如围绕思想政治教育主题如何妥善处理好新史料、新科研成果的合理利用？怎样在较短的学时中既解决学生多样化的思想疑问又能完成教学任务？怎样将大学生在课堂上探寻社会科学发展、学习先进文化的活力延续到课程结束后乃至整个人生？怎样加强学生"走出去——社会实践"，如体验式教育、参观考察、调研等活动的资金、交通、基地等保障？怎样真正促进以课堂为中心的课堂内外联通的开放式教学体系的构建？

面对新时代新问题，思想探索无止境。以学生为本的"双主体主导"型和谐教学新体系的实践还在进行，我们还需要进一步解放思想，开动脑筋，以寻找更好的答案；更希望主管部门和上级领导给予相关政策的大力支持和资金资助，共同营建让大学生真心喜欢、受益终身的以大学生为本的"双主体双主导"型和谐教学新体系。

二、"心理契约"式思想政治理论课教学模式的构建

思想政治理论课堂是"立德树人"的主渠道、马克思主义学习的主阵地，对大学生正确的世界观、人生观和价值观的形成具有举足轻重的作用。运用"心理契约"理念于思想政治理论教学课堂中，以期构建以学生为本的"心理契约"式思想政治理论课教学模式，探索一条适合当代大学生心理特征、认知特色的思想政治理论课堂教育新思路，切实加强高校思想政治理论教育的针对性和实效性。

党的十八大强调要"加强和改进思想政治工作，注重人文关

怀和心理疏导"[1]。笔者将原本存在于经济组织雇佣关系的"心理契约"理念移植于思想政治理论教学课堂，探究切实提高高校思想政治理论课教学水平的新路径和新方法。

（一）构建"心理契约"式的理论课堂教学模式的背景和必要性

1. "心理契约"的概念、内涵及基本特征

"心理契约"属于管理心理学和组织行为学范畴，由美国著名管理心理学家 Argyristc 提出。他在其《理解组织行为》一书中探讨了企业（工头）和员工间一种隐形的、非正式的理解和默契、期望。它是将企业员工双方中的一方希望付出的代价和另一方希望得到回报的具体化。后来 Schein 在《组织心理学》一书中将"心理契约"定义为"在组织中，每个成员和不同的管理者，以及其他人之间，在任何时候都存在的没有明文规定的一整套期望"[2]。由此可见，"心理契约"方法起初是针对企业员工和企业间的雇佣关系而提出的，以期通过诚实的沟通，企业从战略的角度策划人力资源管理方略，构建劳资双方新型的内隐性契约关系，构建企业员工发展共同体，最终实现劳资双方的双赢与和谐，实现企业效益的最大化。

由于"心理契约"对企业员工的行为态度、企业的发展与绩效会产生重要影响，故能引发企业界和学术界的共同关注。从"心理契约"的定义和实践行为出发，"心理契约"有以下基本特征。

---

[1] 《中国共产党第十八次全国代表大会文件汇编》，人民出版社，2012年，第30页。
[2] 白庆菊：《浅谈心理契约》，《商业研究》，2004年第4期，第90~91页。

内隐性。"心理契约"不是公开的组织和员工之间的契约合同,不具备强制性和法规性,它是基于启发、激励、诱导、情感等基础上的柔性管理模式,内隐性是其最大的特点。

主观性。"心理契约"是企业和员工双方非公开的、隐形的共同期待,企业和员工同为"心理契约"的主体,是针对双方不同的责任与收益、发展的期待。这个期待就是组织和个体做事奋斗的动机,这是构建"心理契约"的基础。

动态性。影响"心理契约"构建的因素主要有组织、个体和环境等三方面。社会是一个不断发展的系统工程,处于其间的组织、个体和客观环境呈现相互联系的动态平衡。当一个较低的期望约定实现,双方必定介入较高期望值的契约构建,激发动力,追求目标,最终实现组织和员工的共同发展。如果达不到对方的期待,这份契约就可能发生变化。因此,"心理契约"具有动态发展性。

2. 构建"心理契约"式的理论课堂教学模式的必要性

《国家中长期教育改革和发展规划纲要(2010—2020年)》明确将信念执着、品德优良列为高素质专门人才和拔尖创新人才标准的首位,凸现德育为先。"大学生的思想政治状况、道德品质、科学文化素质和健康素质如何,不仅直接关系现阶段中华民族的素质,而且直接关系未来中华民族的素质。特别是大学生思想政治素质如何,更是直接关系到党和国家的前途命运"[1]。高等学校是马克思主义理论研究、学科建设和人才培养的重要阵地,思想政治理论课课堂是主渠道,时代要求我们要牢牢把握党

---

[1] 教育部思想政治工作司组编:《加强和改进大学生思想政治教育重要文献选编(1978—2008)》,中国人民大学出版社,2008年,第438~439页。

对意识形态工作的主动权，这就必须加强高校思想政治工作尤其课堂教育的实效性。

党的十八大强调要"加强和改进思想政治工作，注重人文关怀和心理疏导"①，这提出了思想政治学科与教育心理学科交互性发展的时代课题。"晓理""动情""导行"是教育心理学的基本原则，也是思想政治理论教育的基本目标。将教育心理学的相关原理和思维有机介入思想政治理论教育，提高思想政治理论教育教学水平，已成为加大思想政治理论教育教学改革力度的重要抓手。

本研究拟将"心理契约"纳入马克思主义理论课堂学习，根据当代大学生的心理认知特点，遵循以人为本的教育教学规律，坚持以价值观培育为首的知识培育、能力培育体系建设，充分发挥"心理契约"目标的导向功能、信念激励功能、价值凝聚功能，创新思想政治理论课堂教学模式，以期切实提高教学科学化水平。

（二）构建"心理契约"式思想政治理论课堂教学新模式的实践与思考

"心理契约"是加强凝聚力、构建和谐氛围的无形手段，将其有机植入思想政治理论教育，实现"动之以情""晓之以理""导之以行"的目标引导、情感凝聚、信念激励，是目前教改的一个方向，但多从宏观整体教育效能的角度研究"心理契约"，而从微观上探讨如何构建"心理契约"式思想政治理论课堂教学体系尚不深入。笔者基于近几年的"心理契约"理论课教学实践基础，认为构建"心理契约"式思想政治理论教学课堂必须坚持"一个核心，两个基本点"。

---

① 胡锦涛：《胡锦涛文选（第三卷）》，人民出版社，2016年，第638页。

第三部分 创新机制方法 增强使命担当

1. 一个核心：树立学生为本，尊重学生主体地位的育人理念

现代心理学认为影响一个人"态度的改变"最重要的因素是榜样的力量。教师作为大学生政治理想理念的引导者，只有在思想上确立以学生健康成长为本，尊重学生主体地位，才能在实践上从学生思想实际出发，解决学生的困惑，从学生现有的认知结构和心理感知出发，为学生量身定制有效的教学计划和实践活动，营造一种师生、生生畅所欲言、和谐共处的学习交流氛围，使大学生意识到理论学习与自身成长和国家的发展密切相关，从而激发其学习热情，产生强烈的政治责任感，共同推进其思想道德素质全面发展的目标导向。

思想教育的对象是大学生，但同时他们也是教育的主体，以学生为本，尊重学生主体地位，是思想政治理论教育的出发点和归宿，也是实现"心理契约"教学模式的前提。

随着对外开放不断扩大，社会主义市场经济进一步深入发展，我国社会经济成分、组织形式、就业方式、利益关系和分配方式的日益多样化，大学生思想活动的独立性、选择性、多变性和差异性明显增强，大学生的价值观念呈多样化和复杂化的趋势。

以学生健康成长为本，尊重学生的主体地位，就是要求教师在思想上树立以学生为本的理念，依据社会发展的要求和青年学生的身心发展规律和现实认知水平，放下教师的身段，主动与学生沟通，深入学生思想实际，了解他们的兴趣、需要和思想困惑，尊重其判断和选择，在研究规律、探求真理的学习氛围中，因势利导，循循善诱，引导大学生树立正确的世界观、人生观和价值观。

尊重学生的主体地位，坚持以学生健康成长为本，就是要求

◆ 增强思想政治教育"二力二性"的策略探究

教师具备开放的意识、民主的意识和科学的意识,在行动上转变课堂上的"一言堂"的作风和"群言堂"的作风,教师应信任大学生、理解大学生,走下讲台,调动大学生参与教育与自我教育活动的积极性和主动性;让学生走上讲台,以人人参与论道取代"一言堂"的机制,在平等理性的氛围中,引导、疏通学生的思想认识问题,在学习中培育唯物辩证思维,把握社会发展规律,实现其在解决思想困惑问题中升华思想和提高觉悟的目的。

2. 建设师生、生生有效的沟通渠道,是构建"心理契约"教学模式的第一个基本点

"心理契约"实际上就是情感契约,"大学生在内在的需要上更侧重于精神满足和情感关怀而非物质获得"[①]。思想政治理论教学中的"心理契约"尤其凸显思想性、政治性和教育性,建立教师和学生、学生和学生思想交流与互动的有效的沟通渠道,是实现情感激励、价值凝聚、激励信念、目标导向的前提。

在实践中,我们针对不同的教育主题打造不同板块的师生共享的互动"珍珠链"。

根据学生的心理需求和认知特点,着力打造教师专题讲授与学生讨论有机结合的师生互动型讨论机制。其总体思路体现教育实效性原则,科学把握和主导教育内容的实施及教学手段的应用,有机掌控师生互动的广度与深度。具体表现有以下特色:

其一,教师根据课前课后问卷了解学生的认知困惑和心理特质,结合现实热点和教学重难点,课前确定好主题,公布相关问题和资料,请大学生做好讨论准备。大学生以班为单位,组成一定数量的学习小组,课前集体讨论,推荐一人参加课堂讨论。教

---

① 李先国:《大学生思想政治教育中的心理契约探析》,《湖南第一师范学院学报》,2009年第5期,第90~92页。

师合理安排讲授与讨论的时间比例，构建依据教学教育目标—提出话题—真实场景再现—引导学生思考—鼓励学生发言—教师的初步总结—再导入话题的深入讨论—教师评判与总结的基本路径，极力营造人人积极思考、畅所欲言的理论学习氛围。

其二，视具体教学目标，教师以问题式讲授为主。在讲授过程中，设计连环问题，引导大学生通过对相关问题的思考与讨论，以大学生心理疏通加思维点拨的方式，一步步地接近教育目标。

其三，充分利用多媒体设施，提倡大学生以团队的形式，分工合作，参与讨论；提倡教师走下讲台，走进大学生群体，与大学生进行面对面的话题交流，鼓励大学生积极参与讨论，倾听和尊重每一位大学生的意见，适时点拨，适当引导，让马克思主义理论滋润学生的心怀。

3. 建设师生、生生融洽和谐的学习氛围，是构建"心理契约"教学模式的第二个基本点

良好的和谐的课堂氛围是师生凝聚价值、情感激励、实现目标导向的基础。拥有良好的和谐的课堂氛围，必须做到真正关心学生的成长，加大人文关怀和情感投入，建立真诚的、良好的师生关系，获取其信任，引导其参与教育教学活动，感受政治上、思想上乃至生活上的真诚关怀，不断获得情感上的愉悦和精神上的飞跃；同时，教师在平等民主的和谐氛围中，及时知晓大学生的思想动态，适时展开心理疏通和思想教育工作，以期实现激励效果的最大化。

在实践中，我们尝试建设了"凝聚价值－目标导向"平台，加强大学生心理期望与思想政治教育目标的协调性。譬如，在"中国革命新道路的开创"一课中，我们结合庆祝新中国成立60周年活动，设置了"长征与信念"课程主题，建议在本地区开展

◆ 增强思想政治教育 "二力二性" 的策略探究

"重走长征路,坚定跟党走"的考察活动。2006级生物科学专业的学生组织了小分队,以骑单车的形式,奔向大渡河畔的泸定桥,追随红军的足迹。事后,小分队主持了以"长征与信念"为主题的课前演讲:"……我知道当年红军虽然没有自行车,没有压缩饼干,没有旅馆……但是有我所没有的信念,取得胜利的信念,翻身做主人的信念,为广大人民谋幸福的信念……这也就是激励他们在筋疲力尽时继续前进的力量之源,促使他们面对枪林弹雨挺身而上的勇气之基,是他们面临千难万阻却能以大无畏的精神战胜一切的灵魂保障……也许是生活太过于平静,我几乎忘记了摆在面前的重大使命。是的,红军为新中国而战,我们要为了一个强中国而奋斗。"大学生代表的激情发言,深深地打动其他同学,"凝聚价值-目标导向"教育作用凸显。

在实践中,我们尝试建立了"课前谈史论道"教学机制。"课前谈史论道"的主题由教师问卷收集学生困惑点并结合教学重难点构成。自愿组队参加。流程为组队-培训-检查教案-教师指导-学生主持-教师点评小结。对于该活动机制,50%以上的大学生认为"非常好",20%大学生觉得"好"。通过活动,不仅台上的学生能够了解那些问题,通过互动,台下的其他同学也可以增长见识、拓宽视野,不再孤陋寡闻、一问三不知,大学生的思想也变得丰富,认识问题也更加科学理性。讨论很多至今具有争议性的话题,关乎国人的切身利益,关乎国家的形象威严,关乎民族的和平稳定……通过这种学习,自然也就有了更高水平的思想层次……虽然我们亲身实践能够做的事情不是很多,但是我们必须先有思想上的认识,才有可能引导学生在行动上合理地解决那些存在的问题。该模式赢得了学生的广泛参与和支持,体现了大学生的学习主动性和创新精神。

三、思想政治理论课"三式三法"教学改革与实践

四川农业大学遵循思想政治工作规律、教书育人和学生成长规律,从本校以理工农林大学生为主、大班制教学为主的学情、教情出发,探索出具有育德育心特质的"案例式教学法"+"参与式讲读法"+"课题式自主学习法"(简称"三式三法")融动式教学新方法,初步形成集师生、生生互动互学、融课内外线上线下教育资源为一体、德知行合一的新模式,有效地提升了思想政治理论课教学的亲和力和针对性。该模式因其教育思路和教学实践路径的创新性和可操作性,具有借鉴和推广价值。

意识形态工作是党的一项极其重要的工作,"高校思想政治工作关系高校培养什么样的人、如何培养人以及为谁培养人这个根本问题"[1]。思想政治理论课是高校凝聚思想共识、价值观培育、政治教化的主渠道。自思想政治理论课教学改革实施以来,思想政治理论课的实效性有了很大的提高,但思想政治理论课教学方法相对"单一""陈旧",教师"一言堂"的现象,教学中理论与实践、与学生实际结合不充分等问题仍存在,导致学生认为思想政治理论课"无趣""无用"而"到课率"低、"抬头率"低、"吸收率"低。"三低"现象既缘于大学生受移动互联网时代多元化思想影响,也是思想政治理论课教学方法难以满足大学生的认知习惯、发展需求的结果。如何通过教学方法创新,探索大学生喜闻乐见的教学新路径,找到思想政治理论课的价值认同培育与大学生自身发展需求的契合点,增强学生的内在学习动力,提高思政学习实效性,成为开展教学方法改革的出发点和落脚点。

---

[1] 习近平:《论党的思想政治工作》,中央文献出版社,2020年,第275页。

（一）"三式三法"教学的三大着力点

1. "案例式教学法"——借"地"，以实地考察为载体，实践出真知

"案例式教学法"体现为以学生亲身考察、参与制作思想政治理论实地案例为核心，集"参与式讲读法"＋"课题式自主学习法"为一体的师生互动，整合教育资源的教学模式。

该模式以"一个保障＋五步走"构成。"一个保障"即学校和学院为案例式教学的有效实施提供学时、组织、经费、基地建设等保障。学校和马克思主义学院为思想政治理论课教学实践划拨专项经费，设置至少四个实践学时。领导带队考察建立思想政治理论课教学实践基地，先后建立雅安市石棉县安顺场红军强渡大渡河纪念馆、天全县仁义乡红军村、邛崃红军长征纪念馆、夹金山纪念馆和四川映秀地震遗址等一系列思想政治理论课教学实践基地。以基地为重要载体，开展中国近现代史纲要、毛泽东思想和中国特色社会主义理论体系概论、马克思主义基本原理等课程的案例式教学。

案例式教学实施分"五步走"。第一步：围绕习近平总书记系列重要讲话和教学目标设置相应教学问题。第二步：组织学生代表在实践教学基地考察筛选典型材料，在教师指导下为案例教学做准备；要求全体学生同步在网上收集材料和思考相关问题。第三步：教师引导学生运用科学理论和方法分析实地考察案例，形成教学案例。第四步：围绕教学问题引导学生投入课堂讨论，生生交流互动，教师总结。第五步：将活动纳入考查范畴，教、学、评一体化。通过组织学生围绕教学案例的制作、分析、讨论和总结，实现教师主导与学生主体的有机结合，增强理论教学的针对性和科学理论的说服力。

根据农林学生的认知特点，将党和国家重要活动、重要讲话精神与课程重要主题有机结合，设计以案例式教学法为主、"参与式讲读法"+"课题式自主学习"为辅的混合式教学方法及手段，适时开展教学。如以纪念长征胜利 80 周年活动为契机，在教学中组织全体同学参加人民日报网开展的推荐"我心中的长征纪念地"教育活动，同时围绕"土地革命"和"红军长征"两大主题进入网上红军长征纪念馆，制作相关案例；组织学生代表到邛崃红军长征纪念馆收集相关史料，加工制作成"土地革命"和"红军长征"教学案例，组织课堂大讨论，教师适时点评。大学生积极投入案例式教学，实证式的活动引发大学生的兴趣，对科学理论的掌握和学习理论的热情倍增。

2. "参与式讲读法"——借"势"，以翻转课堂为载体，让学生登台讲课

"参与式讲读法"针对四川农业大学学生知识结构和思维习惯，以大学生小组为单位围绕教学问题适时加入教师讲课序列，辅以"案例式教学"+"课题式自主学习法"，结合讲授法、讨论法、读书指导法、多媒体等方法和手段，形成集师生、生生互动互教、"虚""实"教育资源相融的教学模式，实现教师引导与学生主体性作用的有效发挥。"参与式讲读法"模式由"问题链+三步走"构成。

大学生参与教学的核心环节是如何筛选问题。"参与式讲读法"问题链的设置来源于"一纲二问"。一纲，以习近平总书记重要讲话精神为纲；一问，设置课前问卷调研制，了解学生思想困惑和认知需求；二问，研究教材、教纲，明确学期教学重点和难点问题。以习近平总书记重要讲话精神为纲，结合学生困惑之问和教学重难点问题，构建学期"问题链"。

"三步走"主要是指以下内容：第一步：活动前的"读与

思",大学生依据教材内容,阅读推荐书籍和主流媒体文献,思考教师提出的问题。第二步:活动中的"讲与评",个人发言和小组发言结合,师生点评、教师总结。第三步:活动后的"练与考",学生围绕讨论问题做平时练习,将其讨论和练习纳入考核。"参与式讲读法"以大学生在学习过程中的参与行为特征及其发展规律为依据,唤起大学生主体性意识,构建师生互动、知行合一的教学共同体。

多样化的"参与式讲读法"是该法的特色。在教学中笔者组织了多样化的参与式讲读活动,形成了不同的参与式讲读模块。比如,"请进来+请上台"机制。在思修课上,开展学生优秀标兵进思想政治理论课课堂与新生交流分享学习经验的活动。在中国特色社会主义理论体系的教学过程中,邀请校外专家走进课堂以讲座形式与学生交流互动。又如,"微史开讲"机制,让学生自己组队先阅读指定书籍,分别以改革开放前后我家的"衣""食""住""行"变化为微话题,采访自己的家人,以八分钟翻转微课堂形式,让大学生登上讲台,转换角色为小老师。

3. "课题式自主学习法"——借"时",以课题研究为载体,以研促学

"课题式自主学习法"是在教师的指导下,以课题研究为载体,学生自主组队在学校内外进行考察调研,获取新知、提升理论素养和综合能力的教学方法。在实施过程中,以"课题式自主学习法"为核心,辅以"参与式讲读法""案例式教学法"及网络学习、自媒体学习等方式方法,围绕问题结合实际调研和理论学习,将研、学、做三者相结合,实现思想引领,增强教育的实效性。"课题式自主学习法"呈现了"一制三题三阶段"的特色。

"一制":建立以教学班为单元的学习委员会制度。构建以学生为主体的"课程组-教师-课代表-学习委员-小组长"教学

管理渠道，设立QQ群、微信群等，为开展课题式学习研究提供组织保障。"三题"：课题来源由三部分有机构成。其一，以习近平总书记重要讲话精神为课题研究核心。其二，向学生"征集问题"。在每一期上课前进行"问卷调查机制"，了解学生的关切点和困惑点。其三，课程教学的重点问题。"三阶段"：第一阶段，组队收集资料－选题论证；第二阶段，分工调研－整理写作；第三阶段，交流或参加讲课－点评总结。

在纪念中国人民抗日战争暨世界反法西斯战争胜利70周年活动中，中国近现代史纲要课程组进行了线上线下、课内课外结合的课题式自主学习，组织近千名学生参加求是网、共青团中央宣传部等部门主办的"纪念中国人民抗日战争暨世界反法西斯战争胜利70周年"有奖知识竞赛，并收集学生参加活动的问卷调查，形成总结报告发表在求是网。同时，结合教材内容、结合本校本区域情况，列出十大研究方向，以习近平总书记的讲话为指导，由大学生自己组队、自己选题、自己调研、小组讨论、形成研究成果，并在课堂上汇报或适时加入教师"全民族抗战"讲课序列。

马克思主义基本原理课程组组织学生开展"自然科学研究中的马克思主义"的系列访谈活动。教师根据自己的科研项目结合教学重点精心设计选题，然后让大学生了解课题内容，选定采访对象和主题，制作采访视频。在访谈活动完成后，在学习网进行展示，师生共同评选出优秀成果，并作为下一届活动的示范作品，得到了大学生的高度认可。该活动使理论走出书本，使马克思主义理论走进了大学生的心中。

（二）"三式三法"教学的四大特色

"三式三法"融动式教学由"案例式教学法"+"课题式自主学习法"+"参与式讲读法"构成，三者自成体系又相互联系，围绕教学目标，根据受教育者的认知特质，三者或分或合，或协同或联通。大学生作为学习主体，带着自己的知识、思想、责任、兴趣或自主或合作探究性地参与课内课外、线上线下思想政治理论课教学全过程，促使思想政治理论课的教学内容丰富化、体系立体化、方式趣味化，使思想政治理论课教学焕发出新的生命力。总的来讲，该教学模式独具以下四大特色。

1. 学情调研，重要内容主题化

要想使思想政治理论课教学方法手段有效，要让党的声音通过思想政治理论课教育入心入脑，必须了解大学生的认知特点和行为习惯，即落实"因材施教"，才能真正做到有的放矢，关爱大学生成长和服务大学生需要。自教改以来，教师坚持将大学生全体问卷调查与个别谈话相结合开展调研并形成制度。每一学期上课前通过教学问卷调查，了解学生的知识结构、思想困惑、学习需求等，作为针对新一届大学生教学方案、教学方法、课题、案例等选择制定的基本依据，做到教育教法的有的放矢，以便教育内容入脑入心。

思想政治理论课教育强调的是培养中国特色社会主义的可靠接班人，具有强烈的意识形态色彩，党和国家在不同时期作出的重要决议和决策精神是思想政治理论课教学内容的重要组成部分，具有导向性的意义。自党的十八大以来，习近平总书记系列重要讲话精神成为高校思想政治理论课学习的核心内容，我们不断形成组织大学生参加课题式学习并辅以相关方式方法的教学新途径。如中国近现代史纲要课程以"课题式自主学习方法"，围绕"中国梦""长征胜利80周年""中国共产党成立95周年"等开展主题教育实践活动。譬如以"中国梦"为核心组织"观影—忆史—感悟—追梦的脚步"主题实践活动。要求大学生结合中国近现代史纲要课程中的相关理论，从中国近现代历史任务、民族复兴的视角分析影片刻画的主要人物、主要事件等，班内分组进行讨论、互评互议，形成书面报告。然后结合教材内容和上课进度，以小组为单位走上讲台，宣讲"中国梦"。大学生通过自身的认识和对本校本区域杰出人物的了解，通过历史与现实的对照，以"观"促"学"，以"讲"促"教"，宣讲党的重要决议及决策精神，同时让大学生通过他们喜爱的观影点评的小组学习形式，探讨什么是科学的历史观，我们应该拥有什么样的历史辩证思维。

2. "虚""实"结合，"目标式"教学常态化

从思想政治教育的特殊性而言，教育的方式方法是为实现教学目标提供保障。如何做到教学的方式方法与教育目标的高度一致和契合，这也是"三式三法"教学要解决的关键问题。教学内容要服务于教学目标，"案例""课题"的选择均围绕教学目标尤其是党的新决议新精神新理念而定，即"目标式"教学。同时，将实地教育与主流新媒体教育资源相结合。譬如，围绕2016年庆祝中国共产党成立95周年活动上习近平总书记的重要讲话，笔者根据四川农业大学的校情及大学生的知识结构等状况，确定"中国共产党领导的土地革命"为阶段性的重要教学目标。在毛泽东思想和中国特色社会主义理论体系概论课程的翻转课堂上，大学生以情景剧的形式，将登台表演和讲解"改革开放以来我家的衣食住行的变化"，与教师的分析总结相结合，形式活跃，内容丰富。该教学机制围绕教育目标精心设计，通过线上线下"虚""实"结合，"案例式教学法"与"参与式讲读法"等方式方法的有机融合，促进师生和生生互动，凸显大学生的主体性，增强了思想政治理论课教育的实效性。

3. "线上线下",共筑师生管理团队

如何在师生互动、生生互教的过程中发挥大学生的自主管理积极性,延伸思想政治理论课的主旨精神到大学生的日常学习及生活中,从学习和生活环节培养大学生正确的人际交往沟通能力,从而促进学生主动融入和支持教改活动,这是"三式三法"教学改革顺利进行的保证。四川农业大学的思想政治理论课教学班一般有150人左右,即大班上课。面对众多的教学对象和需要投入大量精力的教改活动,仅仅依靠教师的管理显然是行不通的。为了实现学生积极投入和推动"案例式教学法"+"参与式讲读法"+"课题式自主学习法"的有效开展,需要构筑"线上线下"的师生教学管理团队。

结合大学生自我管理要求和擅长网络沟通等特质,我们建设"树状"师生管理团队,制定以"课代表"为核心、以学习委员为主力,辐射各级管理层次的"123N"管理制度。"1"指组建以"课代表"为重心的教学班学习委员会,以辅助教师开展教育教学活动。通过大学生自愿和教师指定相结合的原则选拔课代表,担任思想政治理论课教学助教,构建教师-大班课代表-各小班学委-各小组长组成的树状管理团队。"2"指根据本校的实际情况,设置公共邮箱、QQ群两大面向大学生的沟通主渠道,确立以"课代表"和各班学习委员两大管理支柱,在教师的指挥下掌控全局和适时调整。"3"指学习委员会主要协助管理三个方面的教学活动,一是组织和主持学生参与课堂教学"微史开讲""一事一议""情景再现"等教学活动,二是协助组织和管理课外调研考察活动,三是协助组织和指导课内外教学成果的自我考评以及相关作业的指导和收集。"N"指在课代表和学习委员的带领下建立各班不同的微博、微信等沟通渠道。我们依靠这样的管理团队,将课内课外、校内校外、线上线下、新媒体等方式方法

进行有机结合，培养了大学生的自我管理、自我教育、与他人交往等能力，培育了一批得力的大学生干部队伍，实现了"三式三法"融动式教学有效推进。

4. 抓教育契机，理论学习"活""动"化

思想政治教育突出价值观培育、理想信念培育的特点，习近平总书记要求高校思政教育"要坚持不懈传播马克思主义科学理论，抓好马克思主义理论教育，为学生一生的成长奠定科学的思想基础"[1]。现代大学生思想活跃，反感僵化的理论灌输，注重事实，注重社会评价，注重自我参与和体验。面对这样的教育对象，教师需要通过什么样的途径和机制让理论"活"起来或"动"起来，让这些年轻的大学生愿意上课、喜欢上课呢？这是"三式三法"教学的核心问题，我们进行了多元化"活""动"起来的路径探索。党的十八大提出要在2020年全面建成小康社会，我们以此为教育契机，在毛泽东思想和中国特色社会主义理论概论课上设计了一系列课题，由大学生组队调研，并以"植入式"的方式加入教师讲课序列，报告其研究成果。在讲授"中国特色社会主义和谐社会建设"这一专题时，在"课题式自主学习法"中，四川农业大学成都校区经管院的宋彬菡组建学习小组，通过详细的线上线下资料收集和整理，带着"革命老区困难户当前的收入和生活情况是怎样的？存在哪些问题及形成的原因是什么？解决问题的对策和建议"等调研问题，在教师引导下组队到红军长征经过的革命老区石棉县。在当地政府的大力支持下，对新街区的困难户们进行了实地调研，最后写成调研报告，并在课堂上向全体学生汇报其调研过程和思考，引发大学生的兴趣与思索；其调研成果发表在石棉社科联主办的《石棉社科调研》杂志，她

---

[1] 习近平：《论党的宣传思想工作》，中央文献出版社，2020年，第276页。

们提出的问题和建议被石棉县委书记批示，社会影响较大。

2015年我们以纪念抗日战争胜利70周年为契机，组织学生参与以求是网为代表的主流新媒体举办的全国性"纪念中国人民抗日战争暨世界反法西斯战争胜利70周年"有奖知识竞赛活动，以微信"摇一摇"参与、闯关、晋级，其结果计入学生成绩。活动受到学生喜爱，称为"寓教于乐，在玩中增长知识"，此举受到求是网的肯定。

2016年是四川农业大学成立110周年，教师启动了"四川农业大学故事和背后的中国梦""口述历史·川农人的追梦岁月"等系列采访活动。高校思想政治教育不能"闭门造车"，要抓住教育契机，建立以思想政治理论课为主渠道，辐射学校教育、网络教育、社会教育的"同心圆"教育格局，让理论学习"活"起来、"动"起来，这成为提升思想政治理论教育实效性的重要一环。

从某种意义上讲，思想政治理论课为"方法之课"[1]。四川农业大学思想政治理论课教学遵循习近平总书记对高校思想政治工作"要因事而化、因时而进、因势而新"[2]的新要求，遵循习近平总书记"要遵循思想政治工作规律，遵循教书育人规律，遵循学生成长规律，不断提高工作能力和水平"的新指示[3]，探索出独具育德育心特质的"三式三法"融动式教学新方法，基本上改变了教学方法相对单一封闭、教与学相对分离、教师"一言堂"为主、理论教学与实践教学结合不紧密等状况，教学内容鲜活有深度，教学方法有趣接地气，教学手段时尚有温度，教师主导与学生主体作用得到了有效落实和发挥，思想政治理论课教师教学的亲和力、针对性和实效性有了切实提升。"三式三法"融动

---

[1] 陈宝生：《牢记习近平总书记的嘱托　务必把高校思政课办好》，《中国高等教育》，2017年第11期，第1页。
[2] 习近平：《论党的思想政治工作》，中央文献出版社，2020年，第277页。
[3] 习近平：《论党的思想政治工作》，中央文献出版社，2020年，第277页。

式教学新方法也获得了 2017 年四川农业大学教学成果一等奖，并先后被求是网、四川省人民政府网、《教育导报》、中国青年网等报道及转载，社会影响良好；教改成果先后被黑龙江八一农垦大学、成都师范学院等省内外高校借鉴应用，具有一定的示范意义；在 2017 年 7 月无锡召开的"高校思想政治理论课教学方法改革交流研讨会"上受到好评，被写进"无锡宣言"。学无止境，教无定法，教学有法，"三式三法"融动式教学法为进一步推进思想政治理论课教育教学改革积累了宝贵的经验教训，该法将在进一步的思想政治理论课教学的改革，并在实践中不断改进和完善。

四、以中国近现代史纲要课为例："1＋互联网"式教学方法

习近平总书记 2019 年在学校思想政治理论课教师座谈会上指出，只有打好组合拳，才能讲好思想政治理论课，但无论组合拳怎么打，最终要落到把思想政治理论课讲得更有亲和力和感染力、更有针对性和实效性上来，实现知、情、意、行的统一，叫人口服心服。为了深入学习和贯彻落实习近平总书记有关思想政治工作系列重要讲话精神，我们就新形势下如何围绕教育教学目标"培育德才兼备、全面发展的人才"进行了思想政治理论课教学改革，初步形成教师引导下的"1＋互联网"式教学新方法。"1＋互联网"式教学新方法的主要特征为：在教师的引导下，结合课程重点和时政热点，围绕教学目标，整合多种优质资源及渠道，打造课内课外、校内校外、网上网下教师教育和生生自我教育有机互动、彼此相连、互为支撑的马克思主义理论教育平台及机制。该机制对进一步推进思想政治理论课教育教学改革，增强思想政治理论课教学的实效性有一定的借鉴价值。

自党的十八大以来，习近平总书记就如何做好高校思想政治

◆ 增强思想政治教育 "二力二性" 的策略探究

工作做出了一系列讲话，尤其是2016年12月在全国高校思想政治工作会议上的重要讲话，就高校思想政治工作的本质属性、工作路径及手段、工作目标等做出了精辟论断，强调"思想政治工作从根本上说是做人的工作"[1]，即培养德智体美劳全面发展的社会主义事业建设者和接班人的工作，工作路径"必须围绕学生、关照学生、服务学生，不断提高学生思想水平、政治觉悟、道德品质、文化素养"，工作方法要"因事而化、因时而进、因势而新"[2]，实现培育"德才兼备、全面发展的人才"[3]。

在深入学习和贯彻习近平总书记关于思想政治工作系列重要讲话精神的过程中，我们梳理和总结了近几年来围绕教育教学目标进行的一系列着力于如何"提升思想政治教育亲和力和针对性，满足学生成长发展需求和期待"的教育教学改革，初步形成教师引导下的"1＋互联网"式教学新方法。信息技术的发展使人与人之间的交流沟通方式发生了质的改变。[4] 学生对教师引导下的"1＋互联网"的教改理念和实践充分加以肯定，大学生积极参与，思想政治理论课的教学效果较为显著。

（一）教师引导下的"1＋互联网"式教学方法的主体内容

1. 结合教学重点和时政热点，打造教学主题＋校外实践＋主流媒体活动有机结合相互支撑的"互联网"平台与机制，增强思想政治工作的实效性

第一，结合教学重点和时政热点，设计好教师引导下的基于

---

[1] 习近平：《论党的思想政治工作》，中央文献出版社，2020年，第275~276页。
[2] 习近平：《论党的思想政治工作》，中央文献出版社，2020年，第277页。
[3] 习近平：《论党的思想政治工作》，中央文献出版社，2020年，第277页。
[4] 习近平：《论党的思想政治工作》，中央文献出版社，2020年，第277页。

"1+互联网"基础上的教育教学主题。2016年是红军长征胜利80周年,习近平总书记发表纪念长征胜利80周年的重要讲话,全国掀起纪念长征、弘扬长征精神、走好新时代长征路的学习和实践活动。我们利用这一重大的思想政治理论教育契机,围绕"中国共产党开创中国革命新道路的动因、历程及其经验"的教学主线,设计了大学生"学习长征历史,弘扬长征精神,走好新时代长征路"的学习和实践活动主题。

第二,设计"我们去考察"+"我们来上课"的双联动机制。其特点在于结合本土优质红色或优秀传统文化资源,开展实践教学,并将其实践成果以"我来讲微课"的形式运用于课堂并加入教师的讲课序列,扩大教育的承受面。知史才能爱党、爱国,而实地的学习考察无异于让书本上的红军历史"动"起来,让"长征不怕远征难"的精神"活"起来。为此,教师曾组织学生代表队到石棉县安顺场红军长征纪念馆实践教学基地和邛崃红军长征纪念馆实地考察。按照教学方案,学生代表队在教师的带领下,收集档案资料、拍摄石刻等文物,采访当地红军的后代……返校后,"我们来上课"团队满怀激情地加入了教师讲课序列,讲述发生在四川的红军长征故事……而教师作为引导者应重点分析为什么中国共产党要实行"土地革命路线"?分析张国焘的分裂行为的前因后果,阐释坚持党中央正确领导、坚持党的核心领导的绝对重要性。通过师生、生生联手共建"教师+学生"教育与自我教育机制。

第三,设计"课内课外学习"+"与主流媒体互动"+"党建专家走进课堂"联通互动的教育教学机制。组织学生通过课堂教学、课外组队学习和参加网上主流媒体的主题活动,让党的先进理论、革命文化、革命精神通过这种"互联"活动进入学生的生活,共建高校思想政治理论课与主流媒体主题活动相结合的思想政治理论课教学新平台。针对教学重点"长征及长征精神",

教师设计了这样的"互联"流程。第一步：全体学生下载人民日报客户端—参加"我心中的长征纪念地"评选活动—提交—评论—发表评论—将参加结果截屏—反馈到学习委员—课代表—上交教师。第二步：以人民日报网"我心中的长征纪念地"评选活动为载体，通过网上或实地去寻找至少5个最想了解的四川区域的长征纪念馆，同时，按照要求收集和思考相关问题。第三步：根据课堂教学进程，将收集和思考的问题纳入课堂教学测评，以检验大学生的学习效果。第四步：组织大学生代表队去邛崃等地红军长征纪念馆进行实地考察。回到课堂后，在教师的指导下，将实地考察成果设计成"军民鱼水情""土地革命及其意义""张国焘分裂行为的严重危害""维护党的核心和统一领导的极端重要性"等微专题，组织大学生登上讲台讲述他们的亲眼所见、所思……这些珍贵的史料不仅能成为课堂教学的补充材料，而且以此为媒介，教师按照历史唯物主义的方法剖析历史事件和历史人物，进而引导学生思考我们应拥有什么样的历史观，如何形成科学的历史观等。经调查，主流媒体和高校大学生之间还存在着一定的距离。在主流媒体改革力度加大、影响力越来越大、重要性越来越强的今天，组织大学生参加新华网、求是网、人民网、共产党员网等主流媒体开展的主题教育，受到大学生的欢迎。通过这样的联动机制，不仅让党的先进理论和方针政策迅速传递到大学生的心中，也为思想政治理论课开辟了新的平台，思想政治理论教育的亲和力、针对性、感染力得以凸显，实效性效果显著。

为了深入向大学生阐释"马克思主义为什么行""中国共产党为什么能""中国特色社会主义为什么好"等重大问题，笔者特地邀请了著名大学的相关专家来到课堂进行专题讲解。大学生就关心的历史问题、现实问题、理论问题进行提问，时有激烈的讨论。"请进来"机制让大学生对中国共产党的理论与实践、历史与现实充满浓厚的兴趣。

总之，通过"线上线下互动"机制和"走出去-请进来"机制，促使思想政治理论课教师的主导性教育与大学生的自我教育实现有机结合。

2. 结合教学重点和时政热点，打造"教学主题＋校园实践＋微史开讲"有机结合相互支撑的"互联网"平台与机制，增强思想政治工作的实效性

高校肩负培养又红又专、德才兼备、全面发展的中国特色社会主义合格建设者和可靠接班人的重大使命。现在的大学生思想丰富，较特立独行，自我意识强。如何正确处理好个人与民族、国家的关系，如何正确处理好理想与现实的关系是大学生的重要必修课。那么，如何让年轻的大学生形成正确的"三观"，将自己的个人奋斗融入国家、民族发展的中国梦？如何在他们的心中实实在在地树立求实创新的榜样？历史是最好的老师、最好的教科书，通过开展校园实践，深入了解自己的学校发展史，了解师生一起走过的沧桑岁月，这无疑是很好的思想政治理论教育活动载体。

为此，中国近现代史纲要课程组以2016年四川农业大学110周年校庆作为教育契机，以庆祝四川农业大学诞辰110周年主题实践活动为载体，开展全体大学生参与的"口述历史·川农人的追梦岁月"采访活动，以实际行动积极投入校园文化建设。

第一，组建管理团队。建立以教师团队为核心、辐射课代表、学习委员、小组长的网络式管理团队，配合学校庆典活动，制定"口述历史·川农人的追梦岁月"采访活动的原则、活动方案及详细要求。并开始组建三到六人的小组，采访以组为单位，原则上以优先采访本学院集体或个体历史发展为主。

第二，建立管理渠道。建立全体同学参加的QQ教学群，建立教师团队和课代表等学生干部密切联系的QQ干部群，通过

QQ、手机、邮箱等媒介，随时和大学生保持联系方便解惑释疑，有序推进采访活动进程。

第三，举办培训会。教师主要就"口述历史"的基本内涵、方式方法、注意事项及"口述历史·川农人的追梦岁月"采访细则及评比标准展开了培训。培训的主体对象是课代表、学习委员、小组长等干部人员。然后，将培训资料和相关口述历史学习资料放入本课程的专用公共邮箱和 QQ 群，供大学生使用。

第四，及时为大学生提供指导和帮助。在前期准备的基础上，管理团队推出采访对象的指导性建议。譬如，利用每年 10 月第一周的校庆周，采访返校的老校友；为大学生提供想采访又没有联系方式的被采访者信息；为无法自己寻访采访对象的小组提供帮助等。

第五，设计采访成果展示平台。结合课堂教学，推出六期由大学生上台演讲的"微史开讲——口述·川农人的追梦岁月"，在上课前八分钟设置小演讲环节。将口述活动的成果通过该机制传播分享到班级中的每个成员。同时，教师将四川农业大学 110 年奋斗史中的 1906 年在清末新政中的创建、抗战时期四川农业大学师生的抗战贡献、1949 年以江姐为代表的四川农业大学仁人志士的不屈斗争等珍贵校史资源，有机融入中国近现代史纲要课程的讲授。

第六，设计三级考评与推优机制。其一，以班级为单位、以学委为召集人的各班初评与推优机制；其二，以年级课代表为召集人的年级中评及推优机制；其三，以校级相关专家组建的高评及推优机制。整个考评流程秉持公开、公正、公平的原则，考评期间欢迎其他班级大学生观摩和监督，按评分细则和比例评出优胜组。组织"口述历史·川农人的追梦岁月"采访活动成果总结表彰大会，并作为一项校园文化建设活动，邀请主管学生工作的校级领导、学工部、共青团、教务处、宣传部等专家参加指导，邀请评审团专家和所有大学生参加，扩大该活动的影响面，吸引更多的大学生关注。

在百年奋斗中凝练的"爱国敬业、艰苦奋斗、团结拼搏、求实创新"这一"川农大精神"对多数大学生来讲，很凝练也很抽象。近1400位大学生在270个"口述历史·川农人的追梦岁月"采访活动小组的带领下，在成都和雅安两个校区进行采访。采访对象有两鬓斑白的老校友，有在岗或退休的教职员工，有学校保安，还有食堂阿姨，他们谈历史讲未来，叙苦难谈奋斗，忆青春思师恩。大学生通过采访真切地了解到四川农业大学走过的110年艰难又辉煌的历程，切身体会到"川农大精神"就在一代代川农人的不懈奋斗之中；这次实践活动的成果又通过"课堂教学"和"微史开讲"等教学手段分享给其他大学生；就校园文化建设层面而言，通过对校院等领导、老校友、一线教师、后勤职工及退离休教职员工的采访，开展自身教育及自我评议的活动，让校园文化建设中的积极向上、自强不息的风气更浓，增强了大学生的团队意识、协助意识，锻炼了大学生活动方案设计、文案撰写及人际沟通能力。思想政治理论课实践活动不仅让大学生收获了满满的正能量，更锻炼了他们的各项能力，获得大学生的好评。

（二）教师引导下的"1+互联网"式教学方法的主要特色

1."1+互联网"式教学方法的"三强调"原则

第一，强调大学生的主体性体验贯穿教育全过程。教学方法立足于"满足学生成长发展需求和期待"的全程教育，建立信息反馈机制，实现教育过程的有效性。在教学教育方案制定中，坚持将课前集体问卷与随机提问相结合，从大学生的思想认知和知识结构实际情况出发。在教育教学方案的实施过程中,随时把握进度和大学生掌握情况:一方面,建立长效信息反馈机制;另一方面,保证教育全程的公开透明,打通大学生问题及其信息的沟通渠道。通过教师的引导并以此为核心,努力打造教育者和受教育者的平等对话与互动机制,鼓励受教育者在互联互通中认识自我、发现自我,达到对学生的思想认识问题和能力培养问题的疏导和解决。

第二,强调理论学习与实践环节的有机互动。在课内课外、校内校外及线上线下的有机互动中,吸引大学生开展互动式的参与课堂教学、实践教学、校园文化建设等活动,打通课内课外、校内校外、线上线下等教育资源,实施教师主导下的生生互学、互教、互帮等互联网式的教学新形式,培养大学生多角度、多渠道、多方面思考和认识社会的能力。这种互联网式的教学新形式,获得了大学生的认同,他们积极参与,并在参与中使政治觉悟、道德品质、文化素养均得到了提高,大学生评教的满意率达90%以上。

第三,强调建立教育全过程的评价体系。一方面是教育者从大学生在教育手段促进下不断接近教育目标的实际情况出发,积极肯定、激发其内在动力;另一方面是受教育者在不断努力接近教育教学目标的过程中生成内在动力源。

2."满足大学生成长发展需求和期待"的主要载体

事物的变化发展离不开一定的载体。教师引导下的"1+互联网"式教学方法改变了大学生对思想政治理论课枯燥乏味、没有提升价值的认识,成为"满足大学生成长发展需求和期待"的主要载体。学生的现实需要是客观的,其满足程度会直接影响他们对于思想政治教育的选择。因为,"从广义上讲,人的行为是一种实践过程,而人的需要、思想动机是从实践中产生的。所以，行为的结果必然反作用于人的思想，影响人的思想动机和需要，使人们的思想进一步丰富、升华"[1]。

五、主流新媒体与高校思想政治理论课相向而行相融相连

（一）微问卷设计的背景与统计

自 2015 年以来，中国近现代史纲要课题组组织各班级陆续参加由求是网、人民日报网、新华网、共产党员网等主流新媒体推出的围绕重大纪念日、重大会议精神开展的"纪念抗战胜利""庆祝改革开放 40 周年"等主题教育实践活动，活动中有农学、动科、管理、园林、风园、经济等专业大学生的热情参与，思想政治理论教育效果突出，受到了社会舆论的好评。

为了深入了解大学生的所思所想，2017 年针对参与活动的农学、动科、园林、管理、经济等专业的近 1000 多名大学生推出了微问卷调查，获得宝贵的反馈信息，为进一步提升参与主流媒体主题教育实践活动的有效度提供了数据依据和反思。

微问卷内容与结果统计，有 186 人非常有兴趣，理由可归纳如下：其一，活动创新性强，历史、现实与现代传媒的结合发挥了很好的融会贯通的作用，通过活动让大学生了解时代发展进程，利于激发大学生学习历史的兴趣、构建其历史思维，将历史经验更好地应用到现实生活中；其二，主流新媒体具有可信度高、专业性强、舆论影响力大等特点，其与现实、历史的互动活动增强了学习的趣味性，理科生的历史基础知识普遍比较薄弱，

---

[1] 王学俭：《现代思想政治教育前沿问题研究》，人民出版社，2008 年，第 150~151 页。

很有必要通过参与此类活动填补他们历史知识的空白。

有864人有兴趣,理由归纳如下:其一,通过新媒体实现了现实与历史的交汇,激发大学生关注社会、关注历史,引发大学生对历史和现实进行思考,不仅有利于帮助大学生增长见识、拓宽视野、丰富知识、陶冶情操,还为他们搭建了一个了解个人或集体的回忆和感想的平台,既有趣又有意义;其二,主流媒体对年轻一代人的影响很大,借主流媒体平台将现实与历史结合,有利于带动大学生了解过去,增强当代大学生对国家的认同感和使命感,提高文化自觉和文化自信,增强民族凝聚力和历史荣誉感,更好地发扬中国传统精神、践行社会主义核心价值观。

有74人没有兴趣,理由可归纳如下:其一,一些大学生对历史缺乏兴趣,写作功底不强,对参加此类活动缺乏自信;其二,看不到现实与历史互动的意义,相应的激励或奖励也不足以激发其兴趣;其三,对社会新闻关注少,平时也比较忙,认为学习上应该学好自己的专业知识。

有97人无所谓,理由可归纳如下:其一,互动活动很贴近生活,对活动内容感兴趣的便会主动参与;其二,较少关注主流媒体与现实、历史的互动活动,更喜欢其他活动;其三,学业负担较重,参加此类活动很耗费时间,如果课业负担减轻的话也愿意参加此类活动。

通过微问卷活动让大学生在现实与历史的对比中切身感受生活变迁的轨迹,认识到当代科技给大学生的生活带来的不可忽视的便利,启发大学生珍惜当下所拥有的一切。

(二)主流新媒体与高校思想政治理论课相融相连的重要性

多数大学生认为新媒体相较于传统媒体更加有特点,且能与受众真正建立联系,更易于传播、交流、理解。主流新媒体与高校思想政治理论课相融相连,可以改变传统思想政治理论课由教师满堂灌、学生被动接受知识的填鸭式教学方式,通过调动大学生的主观能动性,利用新媒体激发大学生学习历史的热情,促使大学生自发搜集相关资料,通过故事分享环节拉近师生之间、生生之间的距离,既提升思想政治理论课课堂的趣味性,又彰显大学生在思想政治理论课课堂上的主体地位。多数大学生渴望通过完备人文社科知识体系,在历史与现实的结合中把握时代发展规律,希望高校思想政治理论课能够多开发教学方法,丰富课堂教学内容,通过提高大学生的课堂参与度激发其探索性学习。

主流媒体受众面广,其正确的舆论导向与思想政治理论课对当代大学生进行思想教育的初衷殊途同归,二者相融相连有利于调动大学生主动学习的意识,帮助大学生在轻松愉悦的氛围中学习历史、开拓视野,从而增强思想政治理论课教学的实效性。多数大学生认为以史为鉴可以激发当代大学生的爱国热情,有利于增强其文化自信和文化自觉,提升其民族自豪感和归属感,将社会主义核心价值观更好地融入今后的学习、生活和工作中。

(三) 主流新媒体与高校思想政治理论课相融相连面临的问题

高校思想政治理论课由于一些教师照本宣科、学生被动学习而长期处于尴尬的境地,存在"学生不欢迎、老师没兴趣"的现象,因此高校思想政治理论课改革成为当务之急。部分学生缺乏一定的思想政治理论知识基础,对主流媒体的关注度和时政热点的敏感度不够;部分学生认为思想政治理论课的实用性不强,对课程的常规教学包括线上线下和实践活动抱着"看热闹"的心态。

将主流新媒体与高校思想政治理论课相结合的活动难以在高校大范围开展,其主观原因是部分学生接受思想政治理论课教育的出发点有待进一步调整,"实用性"不应该成为学生学习思想政治理论课的唯一标准。要改变大学生的这种认知,不仅需要思想政治理论课教师改革教学方法、探索思想政治理论课教学新路径,更需要在全社会形成一种学习历史、关注时事的良好风尚,让思想政治理论教育不再冠以意识形态的单一目的,在更大程度上关注对大学生历史观的培养和人文情怀的养成。其客观原因是:一方面,传统的应试教育模式依旧在部分高校中大行其道,一些思想政治理论课教师照本宣科,教学方法单一、授课内容陈旧、缺乏创新意识,一些学生选修相关思想政治理论课程纯粹是出于修学分能顺利毕业的目的;另一方面,主流媒体对于思想政治理论教育的宣传力度有待加强,对于大学生的价值引领力度需要加强,在主动联合高校开展思想政治理论教育方面的积极性有待加强。多数大学生都渴望主流媒体能够与高校思想政治理论课联合开展宣传教育活动,让他们在探索中学习、在主动中进取。

(四)主流新媒体与高校思想政治理论课相融相连的路径

近些年,高校思想政治理论课教师不断地探索思想政治理论课教学改革路径,我校中国近现代史纲要课程通过改革教学方法,创新授课模式,将思想政治理论课教育与主流媒体相结合,不仅激发了大学生学习历史的兴趣,而且在很大程度上扩大了高校思想政治理论课教育的受众范围,让社会人士也有机会参与其中,此种教学模式的创新对高校思想政治理论课教育教学改革具有良好的示范效应。开展将主流新媒体与高校思想政治理论课相结合的活动是一项系统性工程,它需要主流媒体、高校、思想政治理论课教师和大学生的共同努力。

主流媒体要充分发挥其作用,加强对大学生的价值引领和舆论导向,可以分地区开展红色教育实践活动,将历史与现实相结合，鼓舞青年大学生在实践中学习历史、在学习中审视现实，增强对社会主义核心价值观的认同，自觉地将自身的发展与国家和民族的命运紧密结合，而不是唯"实用论"。

高校应该加大思想政治理论课教育改革力度，优化课程培养方案，提高思想政治理论课实践教学在大学生课程中的比重；优化思想政治理论课教师队伍，鼓励高校思想政治理论课教师务实教学，研究教学；对致力于思想政治理论课教学模式改革并取得一定创新性成果的教师给予相应的奖励和表彰；加强校园文化在主流价值观方面的建设，净化校园风气，打造优良的校风、学风，充实学校图书馆中党史国史、思想政治教育相关书籍和时事新闻报刊的投放量，鼓励大学生养成关注主流媒体和时政热点的良好习惯。

高校思想政治理论课教师要发挥关键性指导作用。大学生都有一定的自学能力，又处于爱好独立思考的成长阶段，因此高校思想政治理论课教师的教学方法不能采取消极的"我讲你听"的灌输式教育，而应该开动学生的脑筋，采取多种多样的新形式、新方法，增进师生之间平等的交流和讨论。高校思想政治理论课教师更要加强提升自己的运用新媒体技术于思想政治理论课教学的能力，不断探索思想政治理论课教学模式的新路径，多进行社会调查与社会实践，积极主动利用主流媒体开展思想政治理论课教学，提高学生线上线下的参与度，充分发挥大学生的主动精神，增强大学生的创新意识，变大学生被动学习为主动学习，提高思想政治理论课教学的实效性。

大学生应该淡化功利主义思想，避免"实用论"对自身的负面影响，开拓思维、放远未来，树立大局意识。提高对主流媒体的关注度，把握时事动态，紧跟时代步伐，将自身的发展与国家和民族的未来紧密结合起来，努力成长为新时代中国特色社会主义合格建设者和可靠接班人；积极主动参与思想政治理论课线上

◆ **增强思想政治教育 "二力二性" 的策略探究**

线下混合式教育实践活动，在思想政治理论课教学中增长知识、开拓视野，培养自己的历史思维和人文情怀。

总之，将主流新媒体与高校思想政治理论课相结合的活动是一个系统性、长远性的建设性工程，需要主流媒体、高校、思想政治理论课教师和大学生个人的共同努力，我们期待有更多创新性活动，为大学生提供更多的思想政治理论课教育教学的丰富形式和良好平台。

第四部分 "知农爱农"实践育人途径的探索

一、大学精神在高校思想政治理论课建设中的作用探析

大学精神不仅彰显着高校的优秀历史文化传统,更是高校校风建设的风向标。"爱国敬业、艰苦奋斗、团结拼搏、求实创新"的"川农大精神"是四川农业大学宝贵的精神财富,在当前各大高校大力推进思想政治理论课建设的浓厚氛围下,以校风建设为契机,将"川农大精神"融入教风建设,提升思想政治理论课施教主体的师德水平;融入学风建设,促进思想政治理论课受教主体的学习自觉;融入领导干部作风建设,发挥思想政治理论课领导主体的示范效应。从而使得思想政治理论课的三大主体——教师、学生和领导干部的合力能够得到最大限度的发挥。

(一)"川农大精神"的科学内涵及其对于全校思想政治理论课建设的价值

大学精神是时代精神的表征和学校文化的集中体现,既要凝练出学校在发展过程中沉淀下来的优秀文化传统,也要顺应时代潮流、呼应社会发展的现实需要。在当前高校普遍重视思想政治

◆ 增强思想政治教育"二力二性"的策略探究

理论课建设的大环境下,如何将大学精神的丰富内涵融入思想政治理论课,是高校每一位思想政治工作者应该思考的问题。本书结合四川农业大学的历史与现实,从四川农业大学悠久的历史中汲取营养,从农林类高校生源构成的实际出发,找到"川农大精神"与思想政治理论课建设的结合点即教风、学风和领导干部作风建设,从而紧紧抓住这个枢纽,将"川农大精神"融入"三风建设",发挥其对于高校思想政治理论课建设强有力的推动作用。

"大学精神是大学文化的核心和灵魂。"[1] 四川农业大学作为一所已有110多年办学史的高校,有着属于自己的"川农大精神",其中所蕴含的"爱国敬业、艰苦奋斗、团结拼搏、求实创新"精神是学校宝贵的精神财富,理应成为每一位川农人的行动指南和精神动力,成为提高思想政治理论课教学实效性的信念支撑。

"爱国敬业"的奉献精神是培养川农学子具有爱国主义情怀和服务社会意识的动力源泉。"爱国是本分,也是职责,是心之所系、情之所归"[2],敬业是爱国的行为体现。"川农大精神"中所蕴含的"爱国敬业"精神在老一辈川农人身上体现得淋漓尽致,他们为祖国的"三农"问题和教育事业做出了毕生的贡献。"爱国"和"敬业"本身就是社会主义核心价值观中公民个人层面价值准则的重要内容,对于思想政治理论课教学而言,老一辈川农人对于祖国的热爱、对于事业的热忱,可以成为学校思想政治理论课对青年川农人进行爱国主义教育的丰富素材。

"艰苦奋斗"的创业精神是培养川农学子吃苦耐劳品质和自力更生意识的不二法宝。毛泽东同志在延安庆贺模范青年大会上

---

[1] 蒋怀柳、陈昭颖:《大学精神视域下的高校学风建设路径探析》,《湖北第二师范学院学报》,2017年第10期,第51~54页。
[2] 习近平:《论党的宣传思想工作》,中央文献出版社,2020年,第392页。

第四部分 "知农爱农"实践育人途径的探索

讲到,"中国的青年运动有很好的革命传统,这个传统就是'永久奋斗'"①,"模范青年就要在这一条上做模范"②,"艰苦奋斗是我们的政治本色。"③ 邓小平同志曾指出:"中国搞四个现代化,要老老实实地艰苦创业。"④ 独立建校之初的四川农业大学是一所地处雅安的农林类高校,学科性质和地域环境决定了建校之初办学条件的艰苦,经过几代川农老前辈的艰苦奋斗,并在实践中将这种精神代代相传,才有了现在美丽的四川农业大学校园。老一辈川农人这种不畏艰难困苦的宝贵精神,同我党在革命战争年代形成的优秀革命精神殊途同归,可以成为学校思想政治理论课引导青年川农人刻苦学习、积极实践的动力源泉。

"团结拼搏"的进取精神是培养四川农业大学学子团队协作能力和拼搏进取意识的不竭动力。习近平总书记在第二次中央新疆工作座谈会上强调:"各民族要像石榴籽那样紧紧抱在一起。"⑤ 这种针对民族团结的经典论述,同样适用于各领域团队合作文化的打造。在艰苦办校的环境中,老一辈川农人如果无法形成一种合力,也难以实现成功建校,并得到了国家领导人的深切关怀。这种团结拼搏的进取精神在过去艰苦年代成为支撑老一辈川农人攻坚克难的强大精神动力,在当前各方面条件都已得到极大改善的年代,更应成为学校思想政治理论课激励青年川农人积极进取、不安于现状的精神食粮。

"求实创新"的科学精神是培养川农学子具有求真务实学风

---

① 中共中央文献研究室编:《毛泽东思想年编(1921—1975)》,中央文献出版社,2011年,第232页。
② 中共中央文献研究室编:《毛泽东思想年编(1921—1975)》,中央文献出版社,2011年,第232页。
③ 中共中央文献研究室编:《毛泽东思想年编(1921—1975)》,中央文献出版社,2011年,第818页。
④ 邓小平:《邓小平文选(第二卷)》,人民出版社,1994年,第257页。
⑤ 习近平:《谈治国理政(第三卷)》,外文出版社,2020年,第299页。

和与时俱进创新意识的引导力量。"求实"是态度,"创新"是方法,习近平总书记强调:"要树立求真务实的作风,坚持追求真理、修正错误的勇气,从客观实际出发,坚持结论产生在调查研究之后,建立在科学论证的基础上。"① 老一辈川农人在艰苦的办学环境中,实事求是、开拓创新。例如,四川农业大学第一位院士——周开达院士毕生致力于水稻研究,生平的最大乐趣就是和学生一起下田,身体力行,不畏艰苦。正是因为这种有淡泊名利的心境和求实创新的品质,周开达院士才能几十年如一日地一心扑在水稻研究上,从一次次失败中不断总结经验,获得成功。这种不怕失败、善于从失败中另辟蹊径的可贵精神,可以成为学校思想政治理论课帮助青年川农人打破固化思维、提高实践能力的学习范本。

(二)"川农大精神"与全校思想政治理论课建设的结合点——校风建设

"校风是学校办学发展历程中长期积淀而成的一种稳定的具有政治、道德意义的精神面貌,其主要内涵包括领导干部的工作作风、教师的教风和学生的学风。"② 就四川农业大学而言,在"川农大精神"的熏陶下,逐渐形成了"爱国爱农、厚德博学、敬业奉献、诲人不倦"的教风;"心系三农、追求真理、自强不息、学而不厌"的学风;"求真务实、团结拼搏、开拓创新、廉洁自律"的领导干部作风。"川农大精神"是校风建设的文化基础,校风建设的方向和水平对思想政治理论课建设水平具有较为直接的影响,因此要充分利用"川农大精神"的丰富内涵推进学

---

① 中共中央宣传部编:《习近平总书记系列重要讲话读本》,学习出版社、人民出版社,2014年,第183页。
② 邓良基、张禧、张广博等:《弘扬"川农大精神"建设特色鲜明的优良校风》,《四川农业大学学报》,2009年第1期,第112页。

校思想政治理论课建设,就要找到二者的结合点——校风建设,通过加强校风建设来发挥"川农大精神"对于思想政治理论课建设的滋养作用。

1. 教风是将"川农大精神"与学校思想政治理论课建设连接起来的根基力

习近平总书记在全国高校思想政治工作会议上强调,"教师是人类灵魂的工程师,承担着神圣使命。传道者自己首先要明道、信道"[①]。就四川农业大学而言,要让学生真正对"川农大精神"内化于心、外化于行,需要全校的思想政治理论课教师信服、拥护"川农大精神",并能够从中汲取营养,化为自己献身教育事业的不竭动力。低调谦虚是周开达院士等老一辈川农人给学校留下的优良传统,值得每一位四川农业大学教师,特别是思想政治理论课教师身体力行。思想政治理论课教师要积极发扬"爱国爱农、厚德博学、敬业奉献、诲人不倦"的优良教风,这种优良教风会通过教师的言行举止,将"川农大精神"的宝贵精神财富传递给大学生。

2. 学风是将"川农大精神"与学校思想政治理论课建设连接起来的推动力

2016—2018年连续三年秋季的课前问卷调查结果显示,分别有48.66%、39.50%和55.63%的理科生表示对历史感兴趣,但对应试教育下枯燥的历史课不感兴趣。这说明即使是理科生,他们对于思想政治理论课也不是一味地排斥,而是由于传统唱"独角戏"的教学模式使他们找不到自己在思政课课堂的角色定

[①] 习近平:《青年要自觉践行社会主义核心价值观——在北京大学师生座谈会上的讲话》,《人民日报》,2018年5月3日第1版。

位，也找不到学习思想政治理论课的动力和有效方法。因此，要结合大学生的专业背景和学校的文化传统有针对性地将"川农大精神"以丰富的形式贯穿于思想政治理论课教学的全过程，使"川农大精神"的丰富内涵能够成为学生刻苦学习、服务社会的强大精神动力，在学生中形成积极进取、不畏困苦的浓厚学风。

3. 领导干部作风是"川农大精神"与学校思想政治理论课建设连接起来的导向力

四川农业大学领导干部是"川农大精神"的传承者和践行者，原四川农业大学党委书记兼校长文心田教授，在 20 世纪 80 年代末公派留学德国汉诺威兽医大学，在国外取得优秀的研究成果。在得知母校急需人才的消息后，他毅然放弃德国的良好发展前景，按期返校任教，这是四川农业大学领导干部爱国爱校、爱岗敬业的典型代表。对于四川农业大学而言，扩大领导干部思想作风建设对于思想政治理论课建设的影响力，就要把学习、弘扬"川农大精神"与深化对习近平新时代中国特色社会主义思想的认识相结合，贯彻落实习近平总书记在全国高校思想政治工作会议上的讲话精神，让川农老前辈的优秀传统能够在今天办学条件相对优越的情况下得到继续彰显，增强清廉的干部作风对思想政治理论课建设的影响。

（三）"川农大精神"融入"三风建设"对全校思想政治理论课建设的启示

1. 把"川农大精神"融入教风建设，提升学校思想政治理论课施教主体的师德水平

师德是师风的灵魂，师风是教风的风向标。这就要求学校思

想政治理论课教风建设首先要注重师德师风建设，全校思想政治理论课教师要注重立德、立身、立言。具体来说，第一，可以定期召开以学习"川农大精神"为主题的思想政治理论课师生座谈会。一方面，可以带领师生一起重温校史，从四川农业大学老前辈的优秀事迹中汲取营养，奋发图强；另一方面，思想政治理论课教师能够及时倾听大学生对于思想政治理论课的期望和建议，从而及时调整教学模式、丰富教学内容。第二，可以通过树立"最美思想政治理论课教师"典型，发挥优秀教师的示范效应，提高学校思想政治理论课教师队伍的整体素质。第三，可以成立青年教师培训学习班，建立思想政治理论课教师准入制度和评价机制，增强思想政治理论课教师的理论水平和业务能力。

2. 把"川农大精神"融入学风建设，促进学校思想政治理论课受教主体的学习自觉

兴趣是优良学风的原动力，平台是优良学风形成的基础。这就要求学校思想政治理论课学风建设首先要从学生的实际出发，找到不同专业背景学生认知上的共同点，即"川农大精神"。基于此，发挥"川农大精神"对学风建设的营造作用。具体来说，第一，可以围绕"心系基层、振兴中华"主题，加强学生理想信念教育。学校可以通过加强党校、学生社团、网站、电视等阵地建设，用"川农大精神"的丰富内涵来教育、影响、熏陶和引导学生；思想政治理论课教师可以将"川农大精神"贯穿于思想政治理论课教学的全过程，培养学生心系"基层"、服务"基层"的意识和能力。第二，要秉承"追求真理、造福社会、自强不息"的校训，进一步端正学风。学校可以定期开展以"弘扬'川农大精神'，创建优良学风"为主题的学风建设活动，激发学生的学习积极性；思想政治理论课教师可以以对"川农大精神"的学习为契机，开展优秀学生评选活动，增强学习的主动性和自觉

性。第三，要传承"兴师重教、自强不息"的优良传统，加强社会实践。学校可以以校园媒体为中介，开展"川农大精神"学习交流心得分享活动，实现线上线下相结合；思想政治理论课教师可以以"川农大精神"的创建者和传承者为榜样，开展思想政治理论课教学实践活动，实现课上课下相结合。

3. 把"川农大精神"融入干风建设，发挥学校思想政治理论课领导主体的示范效应

思想作风是作风建设的灵魂，工作作风是作风建设的整体，生活作风是作风建设的关键。第一，要切实抓好思想作风建设，坚定政治信念：领导干部要坚持正确的办学方向，把学习、弘扬"川农大精神"与思想政治理论课建设紧密结合。第二，要切实抓好工作作风建设，坚持真抓实干：领导干部要遵循学生成长成才规律，从"川农大精神"中汲取营养，主动深入思想政治理论课课堂，适时调整思想政治理论课建设理念。第三，要切实抓好生活作风建设，坚持勤俭节约：领导干部要学习贯彻落实"川农大精神"中蕴含的"爱国敬业、艰苦奋斗、团结拼搏、求实创新"精神，形成领导班子清廉低调的生活作风，使得领导干部的先进事迹能够成为全校思想政治理论课上极为丰富的教学内容。

二、"思想政治理论课程＋讲好川农大故事"教学探究

2000年5月23日，省委组织部副部长郑朝富在学校总结宣传"川农大精神"会议上明确要求，按照"爱国敬业、艰苦奋斗、团结拼搏、求实创新"的"川农大精神"的提法，把"川农大精神"喊响，使之起到长久的激励作用。

（一）"川农大精神"的传承和弘扬对四川农业大学发展有着重要的思想引领作用

"川农大精神"独特意义的背后是这所西部农业院校历经百年艰苦奋斗，在科技创新、人才培养、服务社会、文化传承等方面的巨大成就。人们最津津乐道的是这所四川省属高校以8000万元的科研经费创造了300多亿元的社会经济效益。从历史发展看，"川农大精神"就是四川农业大学生存与发展的灵魂。以"兴农报国"为特质的"川农大精神"是无数四川农业大学师生百年团结拼搏、艰苦奋斗的积淀与传承，是四川农业大学师生勇于创新、敢为人先的精神支柱。这所百年农业院校高擎以爱国主义为核心的民族精神和以改革创新为核心的时代精神，扎实耕耘在川西的田野上，汇聚成磅礴的力量。因此，百年传承发展的"川农大精神"可以说是中国精神的具体体现，是社会主义核心价值观的生动体现。

2016年习近平总书记对新时代的大学生谆谆告诫：要肩负时代责任，高扬理想风帆，做有理想、有追求、有担当、有作为、有品质、有修养的大学生，即"六有"大学生。以"爱国情怀"为底色、以心系"三农"为特色、以"爱国敬业、艰苦奋斗、团结拼搏、求实创新"为特征的"川农大精神"，犹如一面明镜，映照着"六有"精神，回应着总书记的期盼。

从近代百年中华民族努力实现伟大复兴的历史观察，百年四川农业大学历史流淌着以王右木、杨允奎、杨开渠、杨凤等为代表的一代代川农人为民族复兴、伟大中国梦的实现不断奋斗的史诗般传奇故事，数代川农人薪火相传的以"兴农报国"为特质的"川农大精神"，是百年四川农业大学不畏艰难、砥砺前行、勇攀高峰的精神动力，更是新时代四川农业大学学子做好"兴农强农"时代新人的精神图腾。

◆ 增强思想政治教育 "二力二性" 的策略探究

那么，对于新时代的四川农业大学学子，作为"川农大精神"的传承者，更作为新时代"川农大精神"的弘扬者，他们能否真正理解、从什么层面理解"川农大精神"背后蕴藏的"可亲可敬""有滋有味""可歌可泣"的"川农大故事"与精神实质的？如何认识百年四川农业大学的百年艰苦奋斗与"川农大精神"发展史的关系？能否"知行合一"地将对"川农大精神"的传承弘扬融入"立德树人、兴农强农"的行动？能否将"川农大精神"实实在在地践行在勤奋读书与毕业后在社会上的建功立业？应该说多数大学生是有着清醒认识的。但问题也是存在的。笔者在2016年四川农业大学建立110周年的庆祝活动中，对四川农业大学口述历史访谈的小组进行了随机问卷。其中一个小组这样陈述访谈主题确定的原因："校庆期间，周开达院士的铜像揭幕式在校图书馆前面举行。我们想到了从学校的学生入手去了解周开达院士。经过努力，我们采访到了四名研究生，他们似乎都不是很了解周开达院士都具有哪些科研精神……为了更全面地了解周院士，我们决定在校园开展随机采访。可是这让我们大失所望，大家不仅不知道周开达院士，连'川农大精神'也不清楚……所以最终决定访谈主题确定为以'川农大精神'为核心，以周开达院士为引入点……"

其实，新生一入校就要进行新生入学的校史教育，还有专门的课程"校史文化与'川农大精神'"等，但为什么会出现部分学生"不仅不知道周开达院士，连'川农大精神'也不清楚"的现象？如此一来，自然连"川农大精神"与四川农业大学发展、与近代中国百年复兴历史的关系，就难以理解了，恐怕更难以传承和践行其精神了。为什么会出现这样的情况？其实最重要的原因恐怕在于教师对大学生进行"川农大精神"教育的思路出现了偏差。譬如对大学生进行思想政治理论教育，忽略遵循"因势利导""因材施教""对症下药"的教育与心理规律，忽略当代大学生强烈的自主性和参与性，忽略将"川农大精神"有机融入专业课程，有机植入思想政治理论课的系统性和针对性的设计，而让大学生觉得"川农大精神"虚无缥缈，感觉"精神"已成往事，也没有将"川农大精神"表述进行故事性和系统化的展示，难以在"叙事"中"明理"，在"明理"中"铸魂"。

（二）如何调动大学生群体主动积极参与"川农大精神"的学习、思考、力行

作为思想政治理论课教师，如何调动大学生群体主动积极参与"川农大精神"的学习、思考、践行？笔者根据建构主义学习理论，以学生为中心，在整个教学过程中由教师发挥组织者、指导者、帮助者和促进者的作用，利用情境、协作、会话等学习环境要素充分发挥学生的主动性、积极性和首创精神，最终达到使学生有效地实现对当前所学知识的意义建构的目的。同时，运用实践操作学习协同合力理念，探究打造"思想政治理论课程＋讲好川农大故事"教学模式，构建以课程学习为重点前提，将四川农业大学的故事有机嵌入课程教学的模式，采取"叙事—明理—筑魂"的"精神"培育路径。以你讲、我讲、他讲、我们一起讲好四川农业大学故事的多元教育因子互为呼应，共同分析四川农业大学故事背后的缘由及其精神支柱。在这样的境遇中，交流心得、碰撞思想、理解新知，构建新的认知及其思想，最终达到使大学生有效地实现对当前所学知识的意义建构的目的。实践初步证明，该模式是通过思想政治理论课这一"立德树人"主渠道，推进四川农业大学学子传承好、弘扬好"川农大精神"的有效策略之一。

"思想政治理论课程＋讲好川农大故事"教学模式中，教师是关键，"教师讲＋学生讲＋'三亲'者讲"的"三讲"是载体，处理好三大关系是保障。

◆ 增强思想政治教育 "二力二性" 的策略探究

1. 教师是关键，是该教学模式的主导者

习近平总书记强调"教师是立教之本、兴教之源"，思想政治理论课是立德树人的关键课程，"办好思想政治理论课关键在教师"。因此，实施好"思想政治理论课程＋讲好川农大故事"教学的关键是教师。

首先，教师要自觉成为"川农大精神"的研究者、传承者和力行者。传道者自己首先要明道、信道，育人者要先受教育。"叙事—明理—筑魂"的基础是"叙事"，目标是"真理"，目的是精神即理想。教师要在中国近现代民族复兴的大历史背景下，认真研究四川农业大学百年历史中的人与事。四川农业大学历史源头是建立于1906年"清末新政"期间的四川通省农业学堂，初具规模于辛亥革命后，发展于抗日战争期间，调整于建国初期，曲折发展于20世纪60年代，辉煌于改革开放时期。一部四川农业大学的历史实为中国近现代民族复兴历史的缩影之一。在此基础上将"川农大精神"置于中国精神发展史中研究，研究不同时期"川农大精神"的不同表现形式，把握好"立德树人"及弘扬社会主义核心价值观与传承弘扬"川农大精神"的内在联系，由此，为构建"思想政治理论课程＋讲好川农大故事"打下一定的学术基础。

其次，科学设计好"思想政治理论课程＋讲好川农大故事"的教学方案。在对学情、校情等相关因素调研基础上，依据课程目标与要求，将四川农业大学故事及其事理有机整合到思想政治理论课程相关章节，辅助思想政治理论教学实现重点突出和难点突破。为了让全体大学生均适应该教学模式，需进行科学设计。譬如，大学生以小组为单位进行宣讲，以微专题作为讲授形式，处理好理论课堂与第二课堂学习的内容以及互为呼应的关系。依据"叙事—明理—筑魂"的思路，将"川农大故事"与背后的精

神实质放置在中华民族伟大复兴历程中讲述,实现以讲故事为载体,明辨事理为目标,培育时代新人而铸魂的目的。

再次,教师或亲临历史现场或利用网络挖掘故事细节,形成有四川农业大学思想政治理论教育风味的教学素材并加以梳理。根据课程要求,有选择性地梳理相关事例,强化故事的今昔对比,现实与历史、理论与实践交相辉映,增强其感染力与针对性,让"叙事—明理—筑魂"丰满思想政治理论课程内容,逐步生长成为主辅关系,让理想信念的培育有身边的历史可寻,有身边的榜样可学,有身边人的精神可以传承。实现既不游离于课程之外又和课程紧密相关,既不喧宾夺主又能助力思想政治理论课程的教学框架、内容及其授课模式。

2. "三讲"是载体,是该教学模式的主体

所谓"三讲"指以教学目标为轴心、以教师主导学生主体为重点的"教师讲+学生讲+'三亲'者讲"的学习机制。

"老师讲"是关键,教师是"三讲"学习机制的设计者、主导者、实践者,教师是落实"川农大精神"学习、传承、力行的第一责任人。教师要设计好和落实好谁来讲,讲什么,怎么讲,在什么教学环节讲,讲多少,凸显什么精神内容,理论课堂讲还是第二课堂讲等问题。譬如笔者依托教改课题,在实地考察和网上查阅基础上,将清末学校的建立与王右木的马克思主义信仰选择与传播有机植入"对国家出路的早期探索"和"为什么选择马克思主义"教学专题。在图文并茂的课件中,凸显四川农业大学"兴中华之农事"的兴农、强农职责的历史源头,凸显四川省最早的马克思主义者王右木的校本红色资源特色,以王右木为代表的初心故事彰显"川农大精神"的红色基因,以江姐等英雄榜样的力量凝聚理想信念。这让学生在极具"代入感"和视觉冲击中有所想、有所悟,在情感上、在理性上认同"川农大故事"背后

的兴农精神、爱国情怀与担当坚守。大学生认同这样的教学模式吗？笔者进行了随机问卷调查，有 96% 的受访者认为将四川农业大学的历史和课程内容相结合起来的讲课模式是有效的。笔者将他们的反馈信息归纳如下："能够极大地提高学生的学习兴趣"，"有利于我们更好地了解学校，也对课程更感兴趣"，"因为这会使我们更加了解四川农业大学，理解四川农业大学的精神内涵。作为一名川农学子，如果不了解其历史背景、文化内涵和精神，那么也不能算是一名真正的川农人。而且，这样的学习安排会勾起人们的兴趣，更加主动地去了解川农大精神，做一名合格的川农人，并为身为一名川农人而自豪。"

"学生讲"是特色，能体现大学生学习的主体性。建构主义的学习观认为，学习过程不是知识由教师到大学生的简单"搬运"式的传递，而是学生主动地建构自己知识经验的过程。这种建构是任何人都不能代替的。"学生讲"在"三讲"机制中具有重要地位，是大学生自我教育的最佳渠道。大学生是学习的主体，通过引导大学生"嵌入式"参与课堂来驱动"精神"思考，用师生和生生互动构建"川农大精神"学习共同体。该层面特别需要教师对在学情调研基础上的思想引导与知识体系等方面进行把关。表现为在教师主导下以学生自愿组队的形式参与某一环节的课堂教学；教师将教学重难点、时政热点焦点和学生的兴趣点结合，将相关话题及要求提供给大学生准备；教师设置课前"谈史论道"等平台与"嵌入式"教学相呼应，尽量让更多的大学生参与其教育与自我教育，学思其中、悟道其中、铸魂其中……总之，在教师主导下完成组建小组、设置话题、平台建设、流程督促、反馈总结、师生点评等任务。在参与式自我教育的互动机制中，在翻转课堂教学中，在"师生同上一节课"平台上，不断地带动学生的学习热情，让"川农大精神"所体现的爱国情怀和为真理而献身的不屈精神，深入其心灵，注入其灵魂。2019 年 11

月 14 日，正值江竹筠烈士就义 70 周年纪念日，在中国近现代史纲要课堂上，四川农业大学资源学院自然地理专业的同学在聆听学生团队讲述江姐的故事后，全体起立并深情朗诵江竹筠烈士的难友为她创作的诗歌。四川农业大学自然地理专业的同学说："我们正在学习中国近现代史的内容，课堂上讲述校友江姐的英雄事迹，感觉离我们很近，对近代中国一大批仁人志士为新中国诞生而抛头颅、洒热血的牺牲精神更能深切体会。"

大学生聆听"三亲"者讲会产生共鸣。所谓"三亲"者指亲历者、亲见者、亲闻者。历史是纷繁芜杂的，也是绚丽多姿的。如果历史只是冰冷抽象的条文，脱离了历史环境、历史背景，失去了历史视野、历史关怀，是难以引起他人共鸣的，也是无法令人记忆深刻的。与四川农业大学发展密切相关的回忆录和口述史料，可以弥补课程内容的本土性文献资料的不足，以其形象、生动、鲜活的特性，与我们民族伟大复兴文献资料的补充、互证，让讲述人与聆听者在历史追思中感悟"川农大精神"的凝心聚力的引领意义。聆听"三亲"者的"川农大故事"，可以用"请上台"的方式，邀请讲述者加入讲授思想政治理论课程的行列；也可以用"走出去"的方式，组队参加第二课堂的课程实践活动。无论哪一种方式，对学生而言，都是满满的收获与感动。譬如，在 2016 年四川农业大学 110 周年校庆中，我们利用这场难得的"川农大精神"主题教育机会，依托"口述历史——川农人的追梦岁月"的主题，以"口述采访"的方式，有序组织上千名学生组队开展聆听校友讲述的第二课堂实践活动。以校庆 110 周年为切入点的课内外实践，受到大学生的欢迎，他们认为课外实践活动是值得坚持的。在小组讲评与课堂汇报中，一个小组"结合对著名院士周开达学生及其家人的采访，讲述'川农大精神'与'中国梦'"；一个小组认为"这个过程是我们亲身参与的过程，有对了解历史的基本方法的学习和运用，有对具体历史内容的学习和感动,更有能够将这段历史很好地传递给更多人的欣喜。这应该是学习历史的最佳效果和目的吧,只看书是不可能实现的"。

"思想政治理论课程+讲好川农大故事"教学机制中教师、大学生、"三亲"者"三位一体",他们既是讲述者,也是聆听者,更是思考者和力行者。聆听与讲述一体,知史与明理共鸣,铸魂与行动同振。大学生在新视角的学与习中,重新激活旧有的知识集群,更新或重构新的认知结构,提升能力,共同绘制以故事为媒、传承好"川农大精神"的同心圆。

3. 正确处理好三大关系是保障

要绘制好以故事为媒、传承好"川农大精神"的同心圆,不仅需要久久为功,还必须正确处理好多重关系,尤其是要处理好以下三大关系。

其一,正确处理好教师讲与学生讲的关系。大学生的问卷调查结果显示,高达82%的大学生都认为在思想政治理论课上的表现取决于师生交融的整体教学氛围中。大学阶段是深受互联网中各种思潮影响、参与欲较强的大学生树立正确"三观"的关键阶段,以"叙事—明理—铸魂"为特色的"思想政治理论课程+讲好川农大故事"教学模式,可以说是具体举措之一。因此,正确处理好教师讲与学生讲的关系,其实质就是要坚守教师的主导作用,切实维护大学生的学习主体地位,增强思想政治理论课教育实效性的问题。正确处理好教师讲与学生讲的关系,形成在教师引导下、以大学生为中心的"我们都来讲理论"的师生自我教育互动机制,让师生自觉学习和传承"川农大精神"。

其二,正确处理好思想政治理论课课程与"川农大故事"讲述的关系。在相关问卷调查中大学生这样认为:"将四川农业大学历史穿插在课堂中,可以让课程内容与身边的事联系起来,使我们能够轻松地吸收课堂知识,不会因为历史离我们遥远而难以捉摸,这样既提高了课堂效率又帮助大学生学到了四川农业大学的历史,所以我觉得非常有效,希望老师在今后的课堂中继续保持这种授课方式。"这实际上告诉了我们该如何正确处理课程内容讲述与"川农大故事"讲述的关系。课程内容与"川农大故事"也是一个矛盾的统一体,在以教材内容为主、"川农大故事"为辅的教学思路中,它们均统一于实现中华民族伟大复兴的中国梦的奋斗历程。

其三,正确处理好理论课堂与第二课堂的关系。一位参加了2016年四川农业大学110周年校庆第二课堂"口述采访"的组长这样总结:"总的来说,老一辈的川农学子勤奋、踏实,他们对四川农业大学有着自己的一份真挚的感情,他们对于四川农业大学的学风和精神有着很深刻的理解,也激励我们能够以一种积极向上的态度、踏实沉静地做好每一件小事。""实践证明,到现实中去探寻历史,结合课堂学习相互分享,这一过程是必要的;对于觉得思想政治理论课课程枯燥乏味的大学生来说,也是一次较为创新的尝试。"然而,大学生也讲出了心中的困惑:"就大家的切身感受而言,都认同这样的实践确实很好。但在其他课程任务没有减轻或调整的情况下,许多大学生仍旧认为负担太重。"其实,大学生的肯定是对"思想政治理论课程+讲好川农大故事"教学模式的肯定,大学生的困惑也是"思想政治理论课程+讲好川农大故事"教学的困惑,如何在以课堂为主、第二课堂为辅的思想政治理论课教学中,处理好第二课堂或说是第二实践"负担太重"等问题,值得进一步探讨。

三、互联网背景下"1+3"融动式教学初探

落实高校立德树人的主渠道是思想政治理论课。新时代立德树人的重要一环在于如何将大学生有效融入思想政治理论教学课

内外全过程。近年来,"1+3"融动式教学实验课题组,依托具有"思政育人"特色的案例式、课题式、嵌入式等教学手段为一体,围绕教学目标,以抓住"1"个时期党和国家重大节日和纪念日为教育契机,搭建师生、生生互动联通之"翻转课堂"、主流媒体主题教育与思想政治理论课教学互融联通、校情校史实践教学与理论课堂互融联通"3"大融动式教学模块,初步构建以党和国家重大节日和纪念日为抓手、大学生主动参与为特色、线上线下结合的多元学习平台为特征的教学新模式,凸显大学生的主体参与性、多教育平台互动性、理论与实践教学一致性特点,具有"知行合一"新方法新路径意义。

(一)互联网背景下"1+3"融动式教学新思路提出的缘由

从教育者的角度来讲,大学教师通常享有较强的专业自主性。其实,教育的主体是教师也是学生,尤其是思想政治理论课,其实效性最终取决于大学生是否认同教师的教学行为并主动融入教育活动,真正实现思想上的收获与情感上的认同。总体上讲,将大学生融入思想政治理论课教学过程的"1+3"融动式教学改革思路,是在积极回应习近平总书记强调的"思想政治工作从根本上说是做人的工作",要"提升思想政治教育亲和力和针对性,满足学生成长发展需求和期待"[①]。具体来讲,主要有以下四个方面的因素:

其一,基于思想政治理论教育独特的政治引领性和时效性,必须善于抓住教育契机。思想政治理论教育首要是培养正确价值观。思想政治理论课的任务是培育理想信念和社会主义核心价值观,多渠道全方位开展中国特色社会主义理论教育。新时代以

---

① 习近平:《论党的宣传思想工作》,中央文献出版社,2020年,第276~277页。

来，习近平总书记一系列重要讲话精神入课堂、入教材、入头脑、入行动，已成为思想政治理论课的重要内容。习近平总书记强调"要充分利用我国改革发展的伟大成就、重大历史事件纪念活动、爱国主义教育基地、中华民族传统节庆、国家公祭仪式等来增强人民的爱国主义情怀和意识，运用艺术形式和新媒体，以理服人、以文化人、以情感人，生动传播爱国主义精神，唱响爱国主义主旋律，让爱国主义成为每一个中国人的坚定信念和精神依靠"①。为此，我们以抓住"1"个时期党和国家重大节日和纪念日为主要抓手，精心设计教学方案，改进教学"配方"，将习近平总书记系列重要讲话精神和国家宣传教育主题通过线上线下、课内课外教学活动，有机融入教材、课堂和大学生政治、情感、价值认同培育过程。

其二，"思政课就是方法之课"②。思想政治理论课教师肩负着"先进思想文化的传播者、党执政的坚定支持者、学生健康成长指导者和引路人的责任"③。但正如 2017 年教育部部长陈宝生所讲，我们的"思想资源是丰富的，实践案例是丰富的，缺的就是适宜的方法。从一定意义上讲，思政课就是方法之课。要用适合大学生特点和需求的方法，将我党丰富的思想资源和鲜活的实践案例生动地呈现在学生面前"④。面对当代大学生的认知特点及要求的变化和互联网革命的深入推进，主动地、因时而进地优化和创新教学方法就成为思想政治理论课改革的迫切需要。

其三，教学方法必须适合互联网时代大学生的思维方式和发

---

① 习近平：《论党的宣传思想工作》，中央文献出版社，2020 年，第 178 页。
② 陈宝生：《牢记习近平总书记的嘱托 务必把高校思政课办好》，《中国高等教育》，2017 年第 11 期，第 1 页。
③ 习近平：《把思想政治工作贯穿教育教学全过程 开创我国高等教育事业发展新局面》，《人民日报》，2016 年 12 月 9 日第 1 版。
④ 陈宝生：《牢记习近平总书记的嘱托 务必把高校思政课办好》，《中国高等教育》，2017 年第 11 期，第 1 页。

增强思想政治教育 "二力二性" 的策略探究

展需求。我们对以农科和理工科为主的选课大学生进行了开课前问卷调查。调查显示，随着思想政治理论教育教学改革力度的加大，大学生对思想政治理论课的满意度大幅提升。但也存在一些不容忽视的问题。部分大学生认为思想政治理论课是必修课所以不得不选，但对是否"自愿选择思想政治理论课"，平均每个班（100人以上）的自愿选择者不超20%。为什么会有这样的情况呢？一方面是思想政治理论课教学本身在教学形式和教学内容方面存在一些不足（如图1所示）。如未能适时丰满理论课教学内容，在教学方式上面没有与时俱进，理论与现实联系不够；考试形式和考试内容以理论记忆为主；大学生认为思想政治理论课是"炒陈饭"，没有收获感。另一方面，也存在部分大学生对思想政治理论课塑造核心价值观和正确世界观的重要性认识不足，更有部分学生受多元化思潮影响，认为思想政治理论课教学是理论灌输，并以对以后就业等有无实际价值来衡量思想政治理论课的价值。成功的高等教育不仅意味着大学生拥有专业知识和技能，而且还意味着大学生拥有支持专业成功和终身学习的思维习惯。现在的大学生为"95后"乃至"00后"，他们生长在网络化时代，接触的信息面和各种思潮的数量、速度、范围、渠道远远超过人们的想象。他们对现实世界有着更强烈的认知需求、对各种思潮及文化有着极个性的认知标准，主体意识、自主意识、参与意识十分强烈。他们有一定的辨别是非的能力，但对相当的历史问题和现实问题受多元化思潮及网络等因素影响会产生一些不正确的认识。他们对马克思主义基本理论、中国历史发展的基本问题、中国特色社会主义有所了解，但还有相当大学生是知其然而不知其所以然。学习动机和态度的变化与学习行为的变化之间的因果关系是呈双向变化的。部分大学生缺乏分析问题的正确思维方式和方法，也渴求教师指导帮助他们提升分析问题、解决问题的能力。如习近平总书记所讲，青年"处在价值观形成和确立的时期，抓好这一时期的价值观养成十分重要。这就像穿衣服扣扣子一样，如果第一粒扣子扣错了，剩余的扣子都会扣错。"人生的扣子从一开始就要扣好"①。大学生是中国特色社会主义"两个一百年"宏伟目标建设的主力军，如何增强思政教育教学的吸引力、说服力、感染力，为造就中国特色社会主义事业的可靠接班人打下了牢固的思想基础，这也是将大学生融入思想政治理论教育的"1+3"融动式教学探索的动力所在。

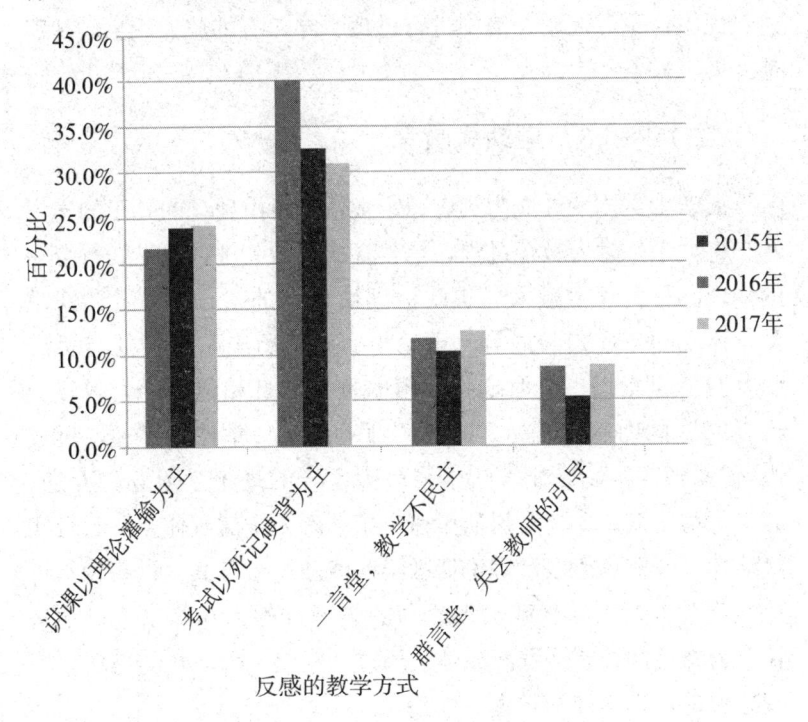

图1 "大学生反感的大学思想政治理论课教学方式"调查

其四，借互联网之思维创新思想政治理论教育方法。人类文

---

① 习近平：《论党的宣传思想工作》，中央文献出版社，2020年，第77页。

明已经从农业时代、工业时代进入了移动互联网时代。伴随着移动互联网成长起来的大学生，平等、互动、开放、参与、共享的移动互联网思维逐渐渗透其认知方式和行为需求中，这种认知方式和行为需求推动思想政治教育教学必须向互动、开放、参与等教学改革方向推进，探索适应大学生喜闻乐见的互学互进、共享共建的教学方法、优选优质教育资源，从而搭建课内课外、线上线下、将多教育主体融为一体的教学手段和教学平台，在平等沟通、民主讨论、互动交流中进行思想引导，有的放矢、生动活泼地开展工作。

（二）"1+3"融动式教学

大学生需要发展成为具有一定责任、自由独立的真正的学习者。将大学生融入教育过程，是教育成功的关键，也是知行合一的体现。将大学生融入思想政治理论教育的"1+3"融动式教学，体现的是形式与内容、理论与实践、历史与现实的有机统一。"1"是指以一个时期党和国家重大节日和纪念日为教育契机。"3"的内涵：其一，通过"师生同上一堂课"路径，形成"翻转课堂"机制，让大学生与教师主导的理论学习互融互通；其二，与主流媒体建立沟通渠道，主动融入主流媒体主题教育实践活动，开辟思想政治理论课教学实践新平台；其三，将校情校史文化有机融入思想政治理论课的学习过程，开辟以"口述采访"为特色的校园实践新载体。通过"1+3"融动教学模块，实现思想政治理论课的教育目标。

实施"1+3"融动式教学方法的前提在于了解"三情"，有的放矢：一是了解学情之征集问题，在每一期上课前进行问卷调查，了解四川农业大学大学生的知识结构和思想困惑；二是了解政情之关注时政热点，分析如何将时政热点与教学重点有机结合；三是了解教情之科研促学，教师主动确定和开展教学课题研究，思考如何"以研促教，教研结合"。通过了解学情、政情、教情，设计以问题为导向的教学思路、教学途径和教学手段。

1. 抓住"1"个时期的重大节日和纪念日为教育契机

七一建党节、八一建军节、十一国庆节等重大节日和纪念日是爱国主义教育的契机，包含着丰富的文化内涵，蕴藏着巨大的教育资源，更为开展思想政治理论教育提供独特的教育价值和教育资源。我们以一个时期党和国家重大节日和纪念日活动为教育契机，围绕课程重点，根据教学目标和大学生不同的学情，制订有针对性的教学计划，策划有针对性的教学方案，实施多种教育资源融合互动教学。

2. 搭建"3"融动教学模块，各有特色互为呼应

在实施教学的过程中，根据具体教学情况，适时组合以具有思想政治理论教学特色的"案例教学、自主学习、参与讲读"为主的教学方法和手段，搭建将学生主动融入理论学习的"翻转课堂"让历史鲜活化和事实化，将主流媒体主题教育有机融入理论学习实现线上线下教育活动互联互动，将校情校史文化建设活动有机融入理论学习实现多主体、多互联互动的"三融入"教学模块，形成课内课外、校内校外、线上线下教师教育和生生自我教育有机"互"动、彼此相"联"、互为支撑的"网"状型马克思主义理论教学模式，从教学形式、教学内容、教学环境等方面切实发挥大学生的理论、实践学习主体的作用，引导大学生通过各种层面的融入性学习，学会运用马克思主义的基本立场、观点、方法正确分析和正确认识重大的历史、现实、理论问题，形成正确的思维方式和价值观，真正增强思想政治教育的实效性。

◆ 增强思想政治教育"二力二性"的策略探究

第一,搭建师生、生生互融联通之"翻转课堂"。

"翻转课堂"是由以下四个流程构成的,主要表现在以下几方面:第一,以问题为导向。例如,围绕如何认识"土地革命"的原因、措施、重大作用,如何"弘扬长征精神,走好新的长征路",教师指导大学生通过主流媒体网络文献和教材相关内容思考相关问题。第二,小组协作学习。要求大学生以学习小组为单位学习讨论并形成讨论稿,将其学习活动纳入平时考察。第三,将大学生代表实地考察和全体大学生网上虚拟考察相结合。根据四川农业大学思想政治理论课教学以140人左右的大教学班为主的情况,组织大学生代表到位于邛崃的红军长征纪念馆参观考察,收集"反'围剿'与土地革命"的相关史料,制作教学案例和讲稿。同时,组织全体大学生参与由人民日报网开展的推荐"我心中的长征纪念馆"教育活动,收集相关资料,思考问题,准备课堂发言。第四,开展师生共享的"嵌入式"课堂教学。让实地考察的大学生,走上讲台,嵌入教师讲课序列,实行"师生同上一节课"机制。使大学生实现角色转变,由上台大学生展示、分析实地考察所获的史料,分析为什么红军所到之处会得到老百姓拥护,如何实现分田分地。大学生之间实现互动,教师适时点评。教师依据自己的研究课题和大学生的考察案例,重点分析中国共产党领导的土地革命是中国革命的基本内容等课程重点。师生、生生教育与自我教育课堂氛围十分浓厚。由此可见,主动学习是一种很有乐趣的方法。

本模块以三联动为特色。一是将学生"走出学校"到教学基地学习和大学生"走上讲台"讲课二者有机对接联动。二是将学生网上虚拟学习和教学基地考察学习二者有机对接联动。三是将教师讲课与大学生讲课有机对接联动。形成师生、生生"互"动、线上线下"联"通,师生"同上一节课"的翻转新课堂。

第二，主流媒体主题教育与思想政治理论课教学互融联通。

将丰富多彩的主流媒体主题教育有机融入大学生的思想政治理论学习是一个值得探讨的重要课题。

譬如，2015年是中国人民抗日战争暨世界反法西斯战争胜利70周年。我们以习近平总书记在纪念中国人民抗日战争暨世界反法西斯战争胜利70周年活动上的重要讲话为指导，以参加主流媒体纪念中国人民抗日战争暨世界反法西斯战争胜利70周年活动为契机，制定将主流媒体历史教育活动融入课内课外理论学习的教学方案，引导大学生进入主流媒体网页积极参与新华网等主流媒体丰富多彩的历史教育和主题实践活动，让党的先进理论及其方针政策通过该平台进入大学生的学习中，创新将高校与主流媒体、网上与网下、课内课外相结合的教学新平台。

实施"三步走"措施，构建互动平台。第一步，开展"面"的学习。在2015年根据大学生的兴趣爱好，组织近千名学生参加由求是网、共青团中央、《思想理论教育导刊》杂志社等主办，以有奖知识竞赛为特色的"纪念中国人民抗日战争暨世界反法西斯战争胜利70周年"主题教育。并将此竞赛活动及其参赛结果纳入大学生第二课堂的活动范畴，计入平时考察成绩。大学生十分喜爱这种方式，借助主流新媒体的帮助，可以对学习产生一种新的兴趣，而且这种方式很新颖。第二步，开展"点"的研究。在第一步"面"的学习基础上，以"全民族的伟大胜利"为研究方向，提出与研究方向一致的10个研究课题，在以教师为主导、以大学生干部为主体的管理团队指导下，大学生自己组队、自己选题、自己开题、自己调研、小组讨论、撰写文稿、形成研究成果。第三步，"论"的宣讲。由小组成员在课堂上汇报其研究成果或根据教学进度适时加入教师的"中华民族的抗日战争"讲课序列，形成师生共享、互动、互教共同体。学习不仅仅是一种认知过程，更是一种情感过程。该教学方法将线上线下教育资源相结合、将大学生课题式学习与课堂学习相结合,挖掘大学生的兴奋点,尊重大学生的主体地位,坚守知行合一教学理念,成为颇受大学生欢迎、提升大学生思想政治理论和综合素质的有效途径。

将思想政治理论学习与主流媒体进行有机互动,为大学生这一网络主力军与主流媒体的亲密接触创造条件,教育的亲和力、针对性和实效性得到了凸显。问卷调查结果显示,新媒体时代的大学生非常认同在线上线下理论教学基础上,搭建主流媒体历史教育活动与思想政治理论课实践教学互动新平台,对这个思想政治理论课教育新方法的评价为"寓教于乐,在玩中增长知识",认为主流媒体的可信度大,互动的环节增加了趣味性,会使他们更加愿意去参加;应对我国的历史有一定的了解,希望通过这种途径来了解历史。通过增加媒体新元素,激发大学生关注社会、关注历史的兴趣,引发大学生对历史和现实进行思考,不仅有利于帮助大学生增长见识、拓宽视野、丰富知识、陶冶情操,还可为他们搭建了一个了解个人或集体的回忆和感想的平台,既有趣又有意义。在信息传递、学习路径、思维方式发生重大变化的当今,引导学生积极参与主流媒体的思想政治理论教育互动活动,培养一大批认同主流媒体的大学生群体,让他们通过和主流媒体的有机互动,共同打造捍卫网络思想政治理论教育主阵地(如图2所示)。2015年我们将参加求是网的历史教育活动融入思想政治理论学习,2018年组织学生参加了共产党员网组织的"学习十九大精神"知识测试闯关活动。

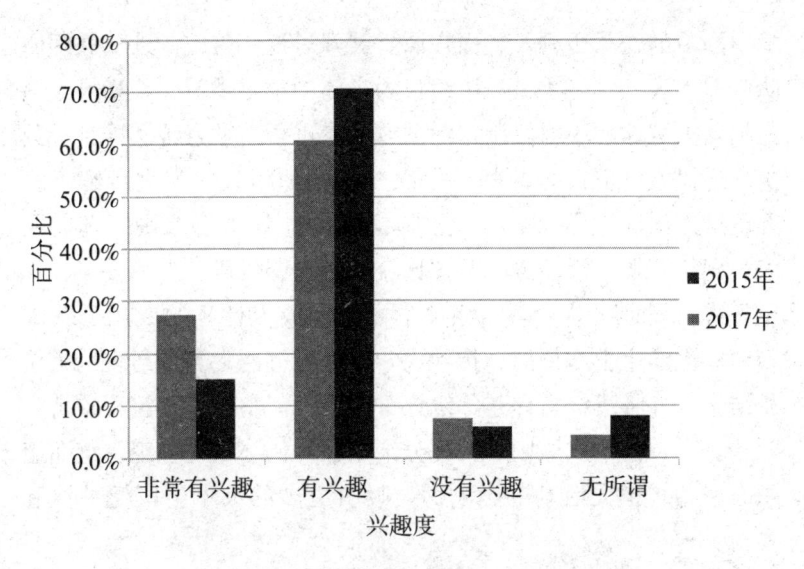

图 2 大学生与主流媒体互动的兴趣度调查

第三,校情校史实践教学与理论课堂的互融联通。

将校情校史校园文化建设有机融入理论学习,将"四个认同"根植于大学生的身边事、身边人、身边的历史,在联动中实现爱党、爱国、爱校的情感认同和价值认同。利用校本资源、地方资源加强历史教育,是提升思想政治理论课教学实效性的有效手段。在中国近现代史发展历程的背景下,让大学生从了解四川农业大学发展历史入手,为大学生树立正确的"三观"、正确处理好个人与民族国家的关系、正确处理好理想与现实的关系提供具亲和力和针对性的建议。

建立于 1906 年的四川农业大学的发展历史是中国近现代历史的缩影之一。中国近现代史纲要课程组以四川农业大学 110 周年校庆、改革开放 40 年中的川农人、新中国 70 年发展历程中的川农人等为教育契机,开展以全体学生参与的"口述历史·川农人的追梦岁月"访谈活动,组织大学生走出课堂,走进校史,寻找中国梦的奋斗历程,继而在课堂展开讨论。首先,建立教师团队—课代表—学习委员—小组长为主体的学习委员会,指导建立三到六人的课题小组,制定活动方案,进行前期宣传和准备。其次,通过QQ群、公共邮箱等媒介,教师为大学生进行解惑释疑,推进活动进程。最后,教师拟定活动的主旨原则、选题要求、网络资源、活动方法及评比流程,对课代表、学习委员、小组长进行培训。然后,将相关学习资料放入课程的专用公共邮箱,供大学生学习使用。指导大学生将挖掘网上资源与现场采访相结合,并将班级自评与年级评审相结合。整个评奖流程秉持公开、公正、公平的原则,按评分细则和比例评出优胜组。继而组织表彰会,扩大活动的影响面,吸引更多的大学生广泛关注和参与。

(三)"1+3"融动式教学探索过程中的启示

在"1+3"融动式教学探索过程中,我们遵循教书育人和大学生健康成长规律,依据教学相长原理,构建师生互动、互学的教学共同体;依据知行合一的教学原理,践行知行合一的教学原则,就中国近现代史纲要课程而言,通过让大学生主动投入历史教育活动,使大学生体会到思想政治理论课的乐趣。

一般来讲,一种事物的发展变化离不开一定的载体。思想政治理论教育的"1+3"融动式教学成为有效"提升思想政治教育亲和力和针对性,满足学生成长发展需求和期待"的载体之一。大学生融入教学活动是思想政治理论教育有效性的关键。使大学生融入思想政治理论教育,不单单是形式上的融入,更重要的是在融入的过程中要让大学生用心领会、身体力行,让思想政治理论教育的相关内容融入其思想,自觉成为自己的价值判断、价值取向。

2019年教育部部长陈宝生强调,"把思政课讲得'有滋有味',课堂教学要做到'配方'先进、'工艺'精湛、'包装'时尚,给学生提供香味形俱佳的精神大餐,让他们喜欢'吃'"①。"1+3"融动式教学以较新的"配方"、较精的"工艺"、较时尚的"包装",让理论课也能活起来,赢得大学生对思想政治理论课教学教育的认同;改变了大学生对思想政治理论课枯燥乏味、内容陈旧、照本宣科、重理论轻体验没有收获感的陈旧认知,契合了移动互联网时代下大学生的认知习惯,找到了既符合大学生的认知习惯,又能"满足学生成长发展需求和期待"的最佳结合点。当然,该教学体系还不完善,还有很多需要改进之处,这需要在实践中不断地修正和完善,以适应新时代对思想政治理论课改革的新要求。

四、农林院校思想政治理论课实践育人新体系的构建

何为农林院校思想政治理论课实践育人新体系?四川农业大学思想政治理论课教师在长期的实践教学中,逐步形成以教师为主导,以学生为主体,以培养新时代"知农爱农"时代新人为目标,结合"教学重点难点"和"学生困惑点"及时代需求点,采取适合农林院校学生认知特点发展需求的多样化实践方法和手段,打造新时代背景下以教师为主导、以学生为主体的师生、生生多向有效互动机制,形成五大实践育人模块,构建了以培养"知农爱农"时代新人为目标、理论教学与实践教学环环相扣、实践教学各环节层层推进、社会实践+课堂+校园实践为主和网络+VR实践为辅的"三主二辅"式实践育人教学新机制,有效

---

① 陈宝生:《用习近平新时代中国特色社会主义思想铸魂育人》,《人民日报》,2019年4月23日第9版。

◆ 增强思想政治教育 "二力二性" 的策略探究

地提升实践育人的有效性、针对性和亲和力。

（一）农林院校思想政治理论课实践育人新体系构建的背景与特色

2019年8月《中共中央办公厅 国务院办公厅印发〈关于深化新时代学校思想政治理论课改革创新的若干意见〉》指出思想政治理论课在"大学阶段重在增强使命担当，引导学生矢志不渝听党话跟党走，争做社会主义合格建设者和可靠接班人"[①]。2015年《中央宣传部 教育部关于印发〈普通高校思想政治理论课建设体系创新计划〉的通知》，强调要"努力强化实践教学，建设与课堂教学相互促进的思想政治理论课第二课堂教学体系"[②]。2018年《教育部关于印发〈新时代高校思想政治理论课教学工作基本要求〉的通知》中，更是明确实践教学的定位是"实践教学作为课堂教学的延伸拓展"，"重在帮助学生巩固课堂学习效果，深化对教学重点难点问题的理解和掌握"，要求"制定实践教学大纲，整合实践教学资源，拓展实践教学形式，注重实践教学效果"[③]。

实践育人不仅是中华文化中知行统一的基本要求，更是马克思主义实践观的重要体现。作为农业院校的思想政治理论课在其实践教学中培育有"三农"情怀的民族复兴的时代新人，就成为

---

① 《中共中央办公厅 国务院办公厅印发〈关于深化新时代学校思想政治理论课改革创新的若干意见〉》，（2019-08-14）[2022-08-09]，http://www.gov.cn/zhengce/2019-08/14/content_5421252.htm。
② 《中共中央宣传部 教育部关于印发〈普通高校思想政治理论课建设体系创新计划〉的通知》，（2015-07-30）[2022-08-09]，http://www.moe.gov.cn/srcsite/A13/moe_772/201508/t20150811_199379.html。
③ 《教育部关于印发〈新时代高校思想政治理论课教学工作基本要求〉的通知》，（2018-04-13）[2022-08-09]，http://www.moe.gov.cn/srcsite/A13/moe_772/201804/t20180424_334099.html。

农业院校思想政治教育的应有之义。2019年习近平总书记在给全国涉农高校的书记、校长和专家代表的回信中强调涉农院校要"以立德树人为根本,以强农兴农为己任",为涉农院校的思想政治理论课实践教学创新建设发展指明方向。

农林院校思想政治理论课实践育人新体系有四大特点:其一,立足唯物论的知行统一观和系统方法,提出思想政治理论课实践教学"知—行—知—信"实践育人新思路。其二,立足思想政治理论课"实践教学作为课堂教学的延伸拓展"和"重在帮助学生巩固课堂学习效果,深化对教学重点难点问题的理解和掌握"的任务,创新社会实践+课堂+校园实践为主、网络+VR实践为辅的知行合一"三主二辅"式实践育人新机制。其三,立足农林院校"立德树人为根本,强农兴农为己任"的时代要求,搭建五大实践育人模块,形成成果融入课堂和师生共享课堂机制;建立"知农爱农"为特色的"一堂二虚三载体",形成"讲、读、行、思、写、问、议、评"八字实践教学法。其四,立足课程思政与思政课程的相向而行,构建涉农专业课程思想政治元素有机融入思想政治理论课实践教学路径,创新了将主流新媒体重大主题教育融入网络实践的"高校理论宣传新方法"。

(二)农林院校思想政治理论课实践育人新体系的架构与内容

新体系以辩证唯物论的知行统一观和系统方法为指导,根据大学生的认识发展规律和思想政治教育规律,依托项目及其转化运用,开展在教学大纲指导下、寓思想政治理论教育于农林院校具体情况的实践教学。立足"教学重点难点""学生困惑点""时政热点",探索适合农林院校大学生认知特点发展需求的多样化实践方法,搭建了五大实践育人模式和教师主导下师生、生生双向互动机制,形成培养以"知农爱农"时代新人为目标、理论与

◆ 增强思想政治教育 "二力二性" 的策略探究

实践环节相结合、实践各个层面层层推进、社会实践＋课堂＋校园实践为主和网络＋VR实践为辅而互为联通的"三主二辅"式实践育人教学新机制。主要内容体现如下。

1. 搭建五大实践育人模式

以项目为依托的课题育人模式：以教师的课题项目为依托，组织学生参加战争年代和建设时代的"三农"革命等主题实践活动，构建教师引导下的"课堂理论奠基—乡村革命与振兴实践立项和组队培训—课外自主实践—撰写实践报告—深化理论自信—回归课堂开讲"的课题育人模式。如围绕"长征"课题，组织小组到邛崃红军长征纪念馆现场考察，后以"翻转课堂"嵌入式地加入教师"土地革命"讲课序列，师生同台讲授。

以重大活动或纪念日为切入点的实践育人模式：围绕学生关切点、疑惑点，依托党和国家重大活动或纪念日，构建教师引导下的课内"课堂理论奠基—重大时政实践立项和组队培训—撰写实践报告—学生走上时政微讲台—师生同讲理论—深化理论自信"的时政式实践。

依托校本或省内外先辈、同辈、朋辈先进事迹而开启榜样教育育人模式：利用本校、本土资源尤其农学先辈、同辈、朋辈等先进事迹，构建教师引导下的校园"课堂理论奠基—好榜样实践立项培训组队实践—采访先进人物撰写实践报告—课（讲）堂讲故事讲信仰—自我教育锻造价值—深化理论认知"的榜样式实践。

以"一红二乡"为主题的"暑假社会实践"模式：依托院（实践中心和实践基地）校（"三下乡"载体），开展校院实践中心—教师主导下的校外"乡村社会"调研—乡村振兴社会实践—"红色之旅"活动，构建"课堂理论奠基—实践立项和组队培训—师生全员全程参与实践—指导撰写实践报告—自我教育锻造价值—回归课堂共建成果汇报课堂—深化理论认知"社会实践大课堂。

融入主流媒体育人活动的网络实践模式：利用川农新媒体"微观""微博""微信"、虚拟仿真平台，构建教师督导其运行保障的"课堂理论奠基—实践立项和培训—文史竞赛与征文（视频）—撰写实践报告—巩固理论知识—做网络正能量的守护神"。建立以学生为主体的"知—行—知—信"思想轨迹的"师生同上一堂课"和"成果汇报课堂"评价机制。

2. 思想政治理论课堂：师生、生生双向互动机制

（1）"师生同上一堂课"。

实施"六步走"措施。围绕教学重难点确定实践内容与要求—组织学生开展自主性社会实践—运用成果师生共同备课—学生以"嵌入式"加入讲课序列—课堂讨论师生点评—教师总结并纳入过程性考评。例如，采用"翻转课堂"的方式学习"乡村土地革命"。

（2）"实践成果汇报课堂"。

学生分组参加实践，小组总结和小组考评后，以四到六节课的时段，让小组成员以主讲与助讲的方式，将成果分享于全班，师生考评委员会当场评分。在实践的基础上全班参与具有比赛性的成果汇报评分，更让学生再次刮起头脑风暴，在理论与事实的对比冲击中，实现理论的深化、情感升华、师生共情共鸣，实现认识的螺旋式上升，也完整地建构了学习—实践—再学习的实践教学动态架构。各实践环节环环相扣、师生互动互促形成"讲、读、行、思、写、问、议、评"八字实践教学方法，师生讨论、读书报告、微影视教学、网上学习竞赛、翻转课堂等教学手段凸显。在理论指导下开展学生主体性实践，又在其主体性实践基础上提升理论认识，大学生的能力、素质、情感等方面得以加强和

提升。

3. 思想政治理论课课+多元教学平台与资源的聚合

(1) 聚合多元平台，形成"一堂二虚三载体"。

一堂：以课（讲）堂为主。二虚："三农发展与乡村振兴"虚拟仿真实验室，网络主流媒体平台"微观川农"。三载体：思想政治理论课实践中心组织的"乡村社会调研"，学校校团委、学生处等组织的"乡村振兴社会实践活动"，思想政治理论课实践基地"红色之旅"活动。

(2) 聚合多元育人主体和育人资源。

在学校、院、室的大力支持下，整合资源统筹协调。一方面，形成思想政治理论课教师为主体+辅导员+校团委+专业课教师+网络主流媒体等多元协同育人主体；另一方面，整合校本为主+线上线下多元实践资源，形成四川农业大学历史和"川农大精神"、四川乡村革命与振兴、中国"乡村革命建设改革"的历史进程与精神资源、互联网红色以及乡村振兴资源库。

4. 涉农专业课的思想政治理论元素融入思想政治理论课的实践教学途径

习近平总书记指出："要用好课堂教学这个主渠道"[①] "其他各门课都要守好一段渠、种好责任田，使各类课程与思想政治理论课同向同行，形成协同效应"[②]。课程思政不是课程与思政的简单组合，关键在于发挥学生的主体作用，激发学生的学习自觉性，增强教育的实效性。我们立足课程思政与思政课程的相向而行，铸魂育人，构建"四步走"机制：第一步，挖掘整理本校涉

---

① 习近平：《论党的宣传思想工作》，中央文献出版社，2020年，第277页。
② 习近平：《论党的宣传思想工作》，中央文献出版社，2020年，第277页。

农专业课程中的思想政治教育元素。第二步，将涉农专业课程中的思想政治教育元素整合并融入相应内容，并布置给学生学习。第三步，确定主题和方案组织实践。第四步，回归师生共享成果课堂："师生同上一堂课"，共同构建"育人育才共同体"。譬如，"为新中国而奋斗"一课中，农学院学生组队开展弘扬校友江姐奋斗精神的校园实践活动，并在江姐牺牲的纪念日，在"师生同上一堂课"中，默哀致敬，深情讲述革命故事，引发全班同学共鸣。通过这样的实践教学途径，促进新时代农林高校大学生的强农使命与理想信念的增强，有利于实现理论与实践双育人的功效。

（三）农林院校思想政治理论课实践育人新体系的实施成效

我们立足于边实践，边总结，边推广。成果的推广应用立足校内，逐渐走向全国，取得较为明显的成就，得到兄弟单位、同行专家的好评。其实施成效主要体现在以下几个方面。

1. 校内应用，思想政治理论教育实效性显著提高

截至 2020 年 9 月，四川农业大学思想政治理论课实践教学改革活动已经进行了近十年，全校受益学生达 10 万人左右，涉及全校所有专业，思想政治教育效果显著，学生评教满意度达 97％以上。

为了推进学生全过程参与实践教学，置考评于过程中，提高学生参与学习的积极性，四川农业大学以多样化的教学为途径，借助网络平台和新媒体，开展乡村振兴社会实践、口述采访，开展"优秀学生标兵进课堂""时政直通车""参观学习汇报"等活动，使课堂教学现实化、生活化，既解决了理论认知问题，又形成了对课程知识的延伸和对理论的巩固及深化，也激发了大学生

的责任感,传递着主流的价值观,弘扬了正能量。

2. 示范交流,得到兄弟院校同行专家的认可

通过学术交流活动和思想政治理论课研讨会等形式与中国传媒大学、清华大学、上海大学、东北大学、四川大学、南京农业大学、西南林业大学等多所院校进行了实践教学成果交流;同时,在2017年至2019年间,接待湖南省思想政治理论课教指委及兄弟院校如云南农业大学马克思主义学院、广东省惠州学院马克思主义学院、仲恺农学院、黑龙江八一农垦大学、上海海洋大学等来访学习。2018年四川农业大学主办全国农林院校思想政治理论研讨会,两位教师做大会主题发言;2017年四川农业大学教师的实践教学成果在全国思想政治理论研讨会上得到了肯定;四川农业大学教师应邀出席2018年四川省社科院组织的"'马克思主义中国化的四川实践'社科专家座谈会",并就四川农业大学思政课实践教学的改革经验做了交流发言;四川农业大学教师在2018年和2019年先后获得第十一、十二届全国高等农林院校思想政治理论课教学研究会论文评比一等奖、二等奖、三等奖;在2020年四川省"形势与政策"课教学研讨会上四川农业大学教师进行大会发言;四川农业大学教师于2019年受邀参加"国家治理现代化进程中的公民道德与法治教育研讨会"并做主题发言,介绍四川农业大学思想政治理论课建设经验。总之,通过走出去和请进来加强了示范交流。实践教学的举措和成果,得到兄弟院校及同行专家的认可。

3. 社会好评,实践模式在主流媒体广泛报道

教学改革与实践激发了学生思想的力量,提升了学生的思想素质,引起校内外媒体关注,并给予了高度评价。为迎接十九大召开、学习贯彻十九大精神,新华网开展了一系列文化教育及传

承互动活动。四川农业大学的雷志敏老师精心组织学校经济学、审计学、茶学、草学、药学、农学等近十类专业的1500名同学积极参与,结合各专业的课程特点参加新华网"分享精彩故事,我为邮政代言"征文活动,积极开展了"迎十九大:以'邮'为媒,述感人故事"的网络实践教育活动。同学们以"邮"为视角,以新中国近70年尤其改革开放40年的社会巨变为背景,讲述并分享了各自的所见所闻,用心感受时代发展的轨迹,传承中华书信文化,中国特色社会主义文化自信在字里行间流淌,家国之情在网络上奔放,发自肺腑,动人心脾。"课程微视频"主题实践教学、"优秀学生标兵进课堂"等实践教学被四川省教育厅、中国高校之窗、高考网等媒体宣传报道,产生了一定的影响。

4. 实践育人效果较为显著

(1) 思想政治教育实效性增强。

全校每一位学生均参加实践教学,线上线下思想政治教育效果显著。四川农业大学马克思主义学院雷志敏等教师指导经济管理学院的学生组建"铭记历史,久久为功"社会实践团队,精心开展了"追寻红色足迹"实践活动。团队在四川文化网和中国大学生网等发文多篇,被评选为校级优秀社会实践团队、社会实践微视频优秀成果;经济管理学院的学生撰写的关于石棉县乡镇困难户的社会实践调研报告获得石棉县委书记的批示;组织实施的改革开放四十多年来四川农业大学的奋斗史采访活动,受到校院教师的支持和肯定,并有多家媒体进行了报道;组织学生参加了主流媒体"学习十九大精神"知识测试闯关活动。

学生以投稿的形式,积极参加新华网组织的主题教育实践活动,学生的抗"疫"网络实践教学文章发表在"学习强国",获奖后代表四川农业大学所有参加的同学出席网上颁奖大会并发言。通过丰富多彩的实践教学活动,提升了思想政治理论课的亲和力和感染力,增强了思想政治理论课的针对性和实效性。

(2) 培养了大量心系"三农"的高素质人才。

形成了以农林高校为特色、以"脱贫攻坚、乡村振兴、大学生到农村就业创业"为主题的暑期思想政治理论课社会实践模式。通过实践教学,引导川农学子心系"三农",使他们更多地知农、爱农并以强农、兴农为己任,立志建设农村、发展农业。在实践中,大学生了解乡村发展现状及乡村振兴战略,坚定了推进中国农业现代化的决心,更认识到肩上的使命和担当,立志将个人梦融入中国梦。

(3) 思想政治理论课教师的理论和实践教学水平显著提高。

一是学术论文发表,立足于实践教学创新体系的建设,先后在《人民论坛》《教学与管理》《黑龙江高教》《毛泽东思想研究》《教学研究》《高教学刊》等发表论文19篇。二是相关课题立项,2017年至今省级教改课题立项11项。三是高校思想政治理论课"三式三法"教学改革与实践获四川农业大学第八届教学成果奖一等奖。与此同时,四川农业大学马克思主义学院教学团队先后获首届全国高校思想政治理论课教学展示活动二等奖1项,四川省"精彩一课"一等奖1项、三等奖1项,四川省青年教师教学竞赛三等奖1项,全国农林高校公开课一等奖1项,第十三届全国多媒体课件大赛高教文科组优秀奖1项。

(4) 与其他部门协同推进校园文化建设。

以思想政治理论课教学机构为中心,联合学校宣传部、教务处、学生处和团委等育人主体,构筑媒介平台、基地平台和学科平台相统一的思政课教学运行平台。重视课堂教学主渠道,多部门联动正教风,促进优良学风、教风、校风的建设。以多元化的实践活动为载体,有效推进了校园文化建设。在校园科技、文化、艺术活动中,师生展现了良好的精神风貌,如"振兴'三农',共筑中国梦"的主题活动和"口述历史·川农人的追梦岁月"的校庆活动等，从多个方面营造和谐校园氛围。

（5）创建了一批校外实践基地，产生了一定的社会影响。

在思想政治理论课实践教学的改革过程，四川农业大学马克思主义学院创建了爱国主义教育基地、公民文化普及教育基地、社会主义新农村实践教学基地和历史文化实践教学基地等。实践教学基地建成后，每学期还组织学生代表到大渡河、邓小平故居、安顺场、战旗村、邛崃红军长征纪念馆、北川地震遗址博物馆等实践基地体验学习。为了增强体验式实践教学的育人效果，四川农业大学马克思主义学院还创建了虚拟仿真实验室。实验室以网络为依托，以虚拟空间为场所，以虚拟实践资源库为载体，通过一定的资源设计和开发，组织特定的教学体验活动让实践教学突破时空及经费等因素的限制，让大批学生体验到与实体馆相同的感受。交互式体验使同学身临其境感受历史和现实，实现理论学习与体验式教学的有机结合。该成果对提升地方城市文明形象和促进地方经济社会发展都发挥了积极促进作用。

参考文献

曹洪滔,田鹏颖,周莉,2016. 论思想政治理论课"慕课"共同体建构[J]. 学术论坛,39(7):162-167.

陈宝生,2017. 牢记习近平总书记的嘱托 务必把高校思政课办好[J]. 中国高等教育(11):1.

邓良基,张禧,张广博,等,2009. 弘扬"川农大精神"建设特色鲜明的优良校风[J]. 四川农业大学学报,27(1):111-115.

邓小平,1994. 邓小平文选:第2卷[M]. 北京:人民出版社.

蒋怀柳,陈昭颖,2017. 大学精神视域下的高校学风建设路径探析[J]. 湖北第二师范学院学报,34(10):51-54.

李卫红,2006. 统一思想 明确任务 扎实工作 高质量实施高校思想政治理论课新课程方案——在全国高校思想政治理论课管理工作会议上的讲话[J]. 教学与研究(6):5-14.

毛泽东,1991. 毛泽东选集:第1卷[M]. 北京:人民出版社.

莫岳云,2008. 高校思政课教师素质存在的问题与对策[J]. 中国高等教育(18):40-41.

沈壮海,2001. 思想政治教育有效性研究[M]. 武汉:武汉大学出版社.

王晓辉. 深刻领会习近平新时代中国特色社会主义的核心要义和创新观点(认真学习宣传贯彻党的十九大精神)[N]. 人民日

报，2017-11-23（07）.

王艳秋，2013. 关于高校思政课教师师德建设长效机制的构建研究［J］. 教育探索（8）：123-124.

习近平. 把思想政治工作贯穿教育教学全过程 开创我国高等教育事业发展新局面［N］. 人民日报，2016-12-09（01）.

习近平. 青年要自觉践行社会主义核心价值观——在北京大学师生座谈会上的讲话［N］. 人民日报，2014-05-05（02）.

习近平. 用新时代中国特色社会主义思想铸魂育人 贯彻党的教育方针落实立德树人根本任务［N］. 人民日报，2019-03-19（02）.

习近平. 在纪念刘华清同志诞辰100周年座谈会上的讲话［N］. 人民日报，2016-09-29（02）.

习近平. 做党和人民满意的好老师——同北京师范大学师生代表座谈时的讲话［N］. 人民日报，2014-09-10（02）.

张冬梅，2012. 高校思政课教师师德建设特殊性分析［J］. 科教导刊（上旬刊），(3)：150-151.

张雷声，2009. 马克思主义与中国特色社会主义理论体系［J］. 马克思主义研究（2）：20-25.

张雷声，2018. 改革开放以来思想政治理论课教师队伍建设论析［J］. 思想理论教育（10）：60-67.

郑和钧，邓京华，等，1993. 高中生心理学［M］. 杭州：浙江教育出版社.

中共中央马克思恩格斯列宁斯大林著作编译局，1995. 马克思恩格斯选集：第1卷［M］. 北京：人民出版社.

附　录

中共中央办公厅　国务院办公厅印发《关于深化新时代学校思想政治理论课改革创新的若干意见》[*]

国务院公报　2019年第24号

为深入贯彻落实习近平新时代中国特色社会主义思想和党的十九大精神，贯彻落实习近平总书记关于教育的重要论述，特别是在学校思想政治理论课教师座谈会上的重要讲话精神，全面贯彻党的教育方针，解决好培养什么人、怎样培养人、为谁培养人这个根本问题，坚持不懈用习近平新时代中国特色社会主义思想铸魂育人，现就深化新时代学校思想政治理论课（以下简称思政课）改革创新提出如下意见。

一、重要意义和总体要求

1. 重要意义。教育是国之大计、党之大计，承担着立德树

---

[*] 《中共中央办公厅　国务院办公厅印发〈关于深化新时代学校思想政治理论课改革创新的若干意见〉》．（2019－08－14）［2022－11－10］，http://www.gov.cn/gongbao/content/2019/content_5425326.htm．

人的根本任务。思政课是落实立德树人根本任务的关键课程，发挥着不可替代的作用。党的十八大以来，以习近平同志为核心的党中央高度重视思政课建设，作出一系列重大决策部署，各地区各部门和各级各类学校采取有力措施认真贯彻落实，思政课建设取得显著成效。同时也要看到，面对新形势新任务新挑战，有的地方和学校对思政课重要性认识还不够到位，课堂教学效果还需提升，教材内容不够鲜活，教师选配和培养工作存在短板，体制机制有待完善，评价和支持体系有待健全，大中小学思政课一体化建设需要深化，民办学校、中外合作办学思政课建设相对薄弱，各类课程同思政课建设的协同效应有待增强，学校、家庭、社会协同推动思政课建设的合力没有完全形成，全党全社会关心支持思政课建设的氛围不够浓厚。办好思政课，要放在世界百年未有之大变局、党和国家事业发展全局中来看待，要从坚持和发展中国特色社会主义、建设社会主义现代化强国、实现中华民族伟大复兴的高度来对待。思政课建设只能加强、不能削弱，必须切实增强办好思政课的信心，全面提高思政课质量和水平。

2. 指导思想。全面贯彻党的教育方针，坚持马克思主义指导地位，贯彻落实习近平新时代中国特色社会主义思想，坚持社会主义办学方向，落实立德树人根本任务，坚持教育为人民服务、为中国共产党治国理政服务、为巩固和发展中国特色社会主义制度服务、为改革开放和社会主义现代化建设服务，扎根中国大地办教育，同生产劳动和社会实践相结合，加快推进教育现代化、建设教育强国、办好人民满意的教育，努力培养担当民族复兴大任的时代新人，培养德智体美劳全面发展的社会主义建设者和接班人。

3. 基本原则。一是坚持党对思政课建设的全面领导，把加强和改进思政课建设摆在突出位置。二是坚持思政课建设与党的创新理论武装同步推进，全面推动习近平新时代中国特色社会主义思想进教材进课堂进学生头脑，把社会主义核心价值观贯穿国民教育全过程。三是坚持守正和创新相统一，落实新时代思政课改革创新要求，不断增强思政课的思想性、理论性和亲和力、针对性。四是坚持思政课在课程体系中的政治引领和价值引领作用，统筹大中小学思政课一体化建设，推动各类课程与思政课建设形成协同效应。五是坚持培养高素质专业化思政课教师队伍，积极为这支队伍成长发展搭建平台、创造条件。六是坚持问题导向和目标导向相结合，注重推动思政课建设内涵式发展，全面提升学生思想政治理论素养，实现知、情、意、行的统一。

二、完善思政课课程教材体系

4. 整体规划思政课课程目标。在大中小学循序渐进、螺旋上升地开设思政课，引导学生立德成人、立志成才，树立正确世界观、人生观、价值观，坚定对马克思主义的信仰，坚定对社会主义和共产主义的信念，增强中国特色社会主义道路自信、理论自信、制度自信、文化自信，厚植爱国主义情怀，把爱国情、强国志、报国行自觉融入坚持和发展中国特色社会主义事业、建设社会主义现代化强国、实现中华民族伟大复兴的奋斗之中。大学阶段重在增强使命担当，引导学生矢志不渝听党话跟党走，争做社会主义合格建设者和可靠接班人。高中阶段重在提升政治素养，引导学生衷心拥护党的领导和我国社会主义制度，形成做社会主义建设者和接班人的政治认同。初中阶段重在打牢思想基础，引导学生把党、祖国、人民装在心中，强化做社会主义建设者和接班人的思想意识。小学阶段重在启蒙道德情感，引导学生形成爱党、爱国、爱社会主义、爱人民、爱集体的情感，具有做社会主义建设者和接班人的美好愿望。

5. 调整创新思政课课程体系。加强以习近平新时代中国特色社会主义思想为核心内容的思政课课程群建设。在保持思政课必修课程设置相对稳定基础上，结合大中小学各学段特点构建形成必修课加选修课的课程体系。全国重点马克思主义学院率先全面开设"习近平新时代中国特色社会主义思想概论"课。博士阶段开设"中国马克思主义与当代"，硕士阶段开设"中国特色社会主义理论与实践研究"，本科阶段开设"马克思主义基本原理概论"、"毛泽东思想和中国特色社会主义理论体系概论"、"中国近现代史纲要"、"思想道德修养与法律基础"、"形势与政策"，专科阶段开设"毛泽东思想和中国特色社会主义理论体系概论"、"思想道德修养与法律基础"、"形势与政策"等必修课。各高校要重点围绕习近平新时代中国特色社会主义思想、党史、国史、改革开放史、社会主义发展史，宪法法律，中华优秀传统文化等设定课程模块，开设系列选择性必修课程。高中阶段开设"思想政治"必修课程，围绕学习习近平总书记最新重要讲话精神开设"思想政治"选择性必修课程。初中、小学阶段开设"道德与法治"必修课程，可结合校本课程、兴趣班开设思政类选修课程。

6. 统筹推进思政课课程内容建设。坚持用习近平新时代中国特色社会主义思想铸魂育人，以政治认同、家国情怀、道德修养、法治意识、文化素养为重点，以爱党、爱国、爱社会主义、爱人民、爱集体为主线，坚持爱国和爱党爱社会主义相统一，系统开展马克思主义理论教育，系统进行中国特色社会主义和中国梦教育、社会主义核心价值观教育、法治教育、劳动教育、心理健康教育、中华优秀传统文化教育。遵循学生认知规律设计课程内容，体现不同学段特点，研究生阶段重在开展探究性学习，本专科阶段重在开展理论性学习，高中阶段重在开展常识性学习，初中阶段重在开展体验性学习，小学阶段重在开展启蒙性学习。

7. 加强思政课教材体系建设。国家教材委员会统筹大中小学思政课教材建设，科学制定教材建设规划，注重提升思政课教材的政治性、时代性、科学性、可读性。国家统一开设的大中小学思政课教材全部由国家教材委员会组织统编统审统用，在教材中及时融入马克思主义中国化最新成果、坚持和发展中国特色社会主义最新经验、马克思主义理论学科最新研究进展。地方或学校开设的思政课选修课教材，由各地负责组织审定。研究编制习近平新时代中国特色社会主义思想进课程教材指导纲要，研究编制中华优秀传统文化、革命文化、社会主义先进文化、科技创新文化及总体国家安全观等进课程教材指南，编制中华民族古代历史和革命建设改革时期英雄人物、先进模范进课程教材图谱，分课程组织编写高校思政课专题教学指南，组织专家编写深度解读教材体系的示范教案，实施思政课优秀讲义出版工程，开列马克思主义经典著作、当代中国马克思主义理论著作、中华优秀传统文化典籍书单，建设思政课网络教学资源库。

三、建设一支政治强、情怀深、思维新、视野广、自律严、人格正的思政课教师队伍

8. 加快壮大学校思政课教师队伍。各地在核定编制时要充分考虑思政课教师配备要求。高校要严格按照师生比不低于1：350的比例核定专职思政课教师岗位，在编制内配足，且不得挪作他用，并尽快配备到位。制定关于加强新时代中小学思政课教师队伍建设的意见，加强中小学专职思政课教师配备。各地要统筹解决好思政课教师缺口问题。各高校可在与思政课教学内容相关的学科选择优秀教师进行培训后充实思政课教师队伍，可探索胜任思政课教学的党政管理干部转岗为专职思政课教师机制和办法，积极推动符合条件的辅导员参与思政课教学。高校要积极动员政治素质过硬的相关学科专家转任思政课教师。采取兼职的办法遴选相关单位的骨干支援高校思政课建设。各地应对民办学校

指派思政课教师或组建专门讲师团。制定新时代高校思政课教师队伍建设规定。

9. 切实提高思政课教师综合素质。以培育一大批优秀马克思主义理论教育家为目标，制定思政课教师队伍培养培训规划，在中央党校（国家行政学院）及地方党校（行政学院）面向思政课教师举办学习习近平新时代中国特色社会主义思想专题研修班，办好"周末理论大讲堂"、骨干教师研修班，实施好思政课教师在职攻读马克思主义理论博士学位专项计划。建强高校思政课教师研修基地，依托首批全国重点马克思主义学院所在高校重点开展理论研修，依托高水平师范类院校重点开展教学研修，全面提升每一位思政课教师的理论功底、知识素养。建立一批"新时代高校思想政治理论课教师研学基地"，组织思政课教师在国内考察调研，在深入了解党和人民伟大实践中汲取养分、丰富思想。组织思政课骨干教师赴国外调研，拓宽国际视野，在比较分析中坚定"四个自信"。完善国家、省（自治区、直辖市）、学校三级培训体系。本科院校按在校生总数每生每年不低于40元，专科院校按每生每年不低于30元的标准提取专项经费，用于思政课教师的学术交流、实践研修等，并逐步加大支持力度。中央和地方主流媒体的政论、时政节目要积极推出优秀思政课教师传播理论成果，展示综合素质，增强社会影响力。

10. 切实改革思政课教师评价机制。严把政治关、师德关、业务关，明确与思政课教师教学科研特点相匹配的评价标准，进一步提高评价中教学和教学研究占比。各高校在专业技术职务（职称）评聘工作中，要单独设立马克思主义理论类别，校级专业技术职务（职称）评聘委员会要有同比例的马克思主义理论学科专家。按教师比例核定思政课教师专业技术职务（职称）各类岗位占比，高级专业技术职务（职称）岗位比例不低于学校平均水平，指标不得挪作他用。要将思政课教师在中央和地方主要媒

◆ 增强思想政治教育 "二力二性" 的策略探究

体上发表的理论文章纳入学术成果范畴。实行不合格思政课教师退出机制。

11. 加大思政课教师激励力度。增强教师的职业认同感、荣誉感、责任感,把思政课教师和辅导员中的优秀分子纳入各类高层次人才项目,在"万人计划""长江学者奖励计划""四个一批"等人才项目中加大倾斜支持力度。各地要因地制宜设立思政课教师和辅导员岗位津贴,纳入绩效工资管理,相应核增学校绩效工资总量。要把思政课教师作为学校干部队伍重要来源,学校党政管理干部原则上应有思政课教师、辅导员或班主任工作经历。党和国家设立的荣誉称号要注重表彰优秀思政课教师,教育部门要大力推选思政课教师年度影响力人物等先进典型。对立场坚定、学养深厚、联系实际、成果突出的思政课教师优秀代表加大宣传力度,发挥示范引领作用。

12. 大力加强思政课教师队伍后备人才培养工作。注重选拔培养高素质人才从事马克思主义理论学习研究和教育教学,统筹推进马克思主义理论学科本硕博一体化人才培养,构建完善马克思主义理论学科本硕博学科体系和课程体系。全国重点马克思主义学院通过提前批次录取或综合考核招生等方式招收马克思主义理论专业本科生,给予推免政策倾斜鼓励优秀马克思主义理论专业本科生攻读硕士学位,采取硕博连读或直接攻读博士学位的方式加强培养。深入实施"高校思想政治理论课教师队伍后备人才培养专项支持计划",专门招收马克思主义理论学科研究生,并逐步按需增加招生培养指标。加强思政课教师队伍后备人才思想政治工作,加大发展党员力度,提高党员发展质量。

四、不断增强思政课的思想性、理论性和亲和力、针对性

13. 加大思想性、理论性资源供给。进一步建强马克思主义理论学科，进入世界一流大学建设的高校应将马克思主义理论学科设为重点建设学科，为思政课建设提供坚实学科支撑。深入研究坚持和发展中国特色社会主义的重大理论和实践问题，为增强思政课的思想性、理论性提供多角度学术支持。充分发挥马克思主义理论学科的领航作用，大力推进中国特色社会主义学科体系建设。根据需求逐步增加马克思主义理论学科博士学位授权点，支持有关高校联合申报马克思主义理论学科博士学位授权点。组织思政课教师及时学习习近平总书记最新重要讲话精神，及时学习相关文件精神，全面理解和准确把握党中央重大决策部署。

14. 加大思政课教研工作力度。建立健全大中小学思政课教师一体化备课机制，普遍实行思政课教师集体备课制度，全面提升教研水平。遴选学科带头人担任各门课集体备课牵头人，学校领导干部要积极支持和主动参与。建立思政课教师"手拉手"备课机制，发挥思政课建设强校和高水平思政课专家示范带动作用。加强"全国高校思想政治理论课教师网络集体备课平台"建设，完善思政课教师网络备课服务支撑系统。建立纵向跨学段、横向跨学科的交流研修机制，深入开展相邻学段思政课教师教学交流研讨。推动建立思政课教师与其他学科专业教师交流机制。大力推进思政课教学方法改革，提升思政课教师信息化能力素养，推动人工智能等现代信息技术在思政课教学中应用，建设一批国家级虚拟仿真思政课体验教学中心。

15. 切实加强思政课课题研究和成果交流。国家社科基金规划项目、教育部人文社科研究项目等设立思政课教师研究专项，

开展思政课教学重点难点问题和教学方法改革创新等研究,逐步加大对相关课题研究的支持力度。各地要参照设立相关项目并给予经费投入。加强马克思主义理论教学科研成果学术阵地建设,首批重点建设 10 家学术期刊和若干学术网站,支持新创办一定数量的思政课研究学术期刊。制定思政课教师发表文章的重点报刊目录,将《人民日报》、《求是》、《解放军报》、《光明日报》、《经济日报》等中央媒体及地方党报党刊列入其中。委托高校马克思主义学院分片建立高校思政课教学创新中心,设立一批思政课教学质量监测基地。在国家级教学成果奖中单列思政课专项,每 2 年开展 1 次全国思政课教学展示活动,定期开展优秀思政课示范课巡讲活动。打造一批思政课国家精品在线开放课程,探索建设融媒体思政公开课,推动优质教学资源共享。

16. 全面提升高校马克思主义学院建设水平。强化"马院姓马、在马言马"的鲜明导向,把思政课教学作为高校马克思主义学院基本职责,将马克思主义学院作为重点学院、马克思主义理论学科作为重点学科、思政课作为重点课程加强建设,在发展规划、人才引进、公共资源使用等方面给予马克思主义学院优先保障。建好建强一批全国重点马克思主义学院和示范性马克思主义学院,依托有条件的高校马克思主义学院建设一批习近平新时代中国特色社会主义思想研究院。建立和完善马克思主义理论学科体系,实施马克思主义理论学科领航工程,在马克思主义理论学习研究宣传上发挥引领带动作用。全面推动各地宣传、教育等部门共建所在地区高校马克思主义学院。实施马克思主义学院院长培养工程,加强马克思主义学院领导班子建设。

17. 整体推进高校课程思政和中小学学科德育。深度挖掘高校各学科门类专业课程和中小学语文、历史、地理、体育、艺术等所有课程蕴含的思想政治教育资源,解决好各类课程与思政课相互配合的问题,发挥所有课程育人功能,构建全面覆盖、类型丰富、层次递进、相互支撑的课程体系，使各类课程与思政课同向同行，形成协同效应。建成一批课程思政示范高校，推出一批课程思政示范课程，选树一批课程思政教学名师和团队，建设一批高校课程思政教学研究示范中心。

五、加强党对思政课建设的领导

18. 严格落实地方党委思政课建设主体责任。地方各级党委要把思政课建设作为党的建设和意识形态工作的标志性工程摆上重要议程，党委常委会每年至少召开1次专题会议研究思政课建设，抓住制约思政课建设的突出问题，在工作格局、队伍建设、支持保障等方面采取有效措施。建立和完善省（自治区、直辖市）党委领导班子成员联系高校和讲思政课特别是"形势与政策"课制度，各省（自治区、直辖市）党委和政府主要负责同志每学期结合学习和工作至少讲1次课。各地要把民办学校、中外合作办学院校纳入思政课建设整体布局。思政课建设情况纳入各级党委领导班子考核和政治巡视。

19. 推动建立高校党委书记、校长带头抓思政课机制。加强和改进高校领导干部深入基层联系学生工作，推动高校领导干部兼任班主任等工作，建立健全高校党委书记、校长及职能部门力量深入一线了解学生思想动态、服务学生发展的制度性安排。高校党委书记、校长作为思政课建设第一责任人，要结合自身学科背景和工作经历，带头走进课堂听课讲课，带头推动思政课建设，带头联系思政课教师。高校党委常委会每学期至少召开1次会议专题研究思政课建设，高校党委书记、校长每学期至少给学生讲授4个课时思政课，高校领导班子其他成员每学期至少给学生讲授2个课时思政课，可重点讲授"形势与政策"课。开学典礼、毕业典礼讲话等要鲜明体现党的教育方针、积极传播马克思主义科学理论、弘扬社会主义核心价值观。要把思政课建设情况纳入学校党的建设工作考核、办学质量和学科建设评估标准体系。

20. 积极拓展思政课建设格局。中央教育工作领导小组要把思政课建设纳入重要议事日程，教育部、中央宣传部等部门要牵头抓好思政课建设，中央军委政治工作部要指导抓好军队院校思政课建设。教育部成立大中小学思政课一体化建设指导委员会，加强对不同类型思政课建设分类指导。有关部门和各地要保证思政课管理人员配备，确保事有人干、责有人负。强化中考、高考、研究生招生考试对学生学习思政课的指挥棒作用，将思政课学习实践情况等作为重要内容纳入综合素质评价体系，探索记入本人档案，作为学生评奖评优重要标准，作为加入中国少年先锋队、中国共产主义青年团、中国共产党的重要参考。坚持开门办思政课，推动思政课实践教学与学生社会实践活动、志愿服务活动结合，思政小课堂和社会大课堂结合，鼓励党政机关、企事业单位等就近与高校对接，挂牌建立思政课实践教学基地，完善思政课实践教学机制。制定关于加快构建高校思想政治工作体系的意见，汇聚办好思政课合力。加大正面宣传和舆论引导力度，推动形成全党全社会努力办好思政课、教师认真讲好思政课、学生积极学好思政课的良好氛围。

教育部等六部门关于加强新时代高校教师队伍建设改革的指导意见[*]

教师〔2020〕10号

为全面贯彻习近平总书记关于教育的重要论述和全国教育大会精神,深入落实中共中央、国务院印发的《关于全面深化新时代教师队伍建设改革的意见》和《深化新时代教育评价改革总体方案》,加强新时代高校教师队伍建设改革,现提出如下指导意见。

一、准确把握高校教师队伍建设改革的时代要求,落实立德树人根本任务

1. 指导思想。以习近平新时代中国特色社会主义思想为指导,落实立德树人根本任务,聚焦高校内涵式发展,以强化高校教师思想政治素质和师德师风建设为首要任务,以提高教师专业素质能力为关键,以推进人事制度改革为突破口,遵循教育规律和教师成长发展规律,为提高人才培养质量、增强科研创新能力、服务国家经济社会发展提供坚强的师资保障。

2. 目标任务。通过一系列改革举措,高校教师发展支持体

---

[*] 《教育部等六部门关于加强新时代高校教师队伍建设改革的指导意见》,(2021-01-04)[2022-11-10],http://www.moe.gov.cn/srcsite/A10/s7151/202101/t20210108_509152.html。

系更加健全，管理评价制度更加科学，待遇保障机制更加完善，教师队伍治理体系和治理能力实现现代化。高校教师职业吸引力明显增强，教师思想政治素质、业务能力、育人水平、创新能力得到显著提升，建设一支政治素质过硬、业务能力精湛、育人水平高超的高素质专业化创新型高校教师队伍。

二、全面加强党的领导，不断提升教师思想政治素质和师德素养

3. 加强思想政治引领。引导广大教师坚持"四个相统一"，争做"四有"好老师，当好"四个引路人"，增强"四个意识"、坚定"四个自信"、做到"两个维护"。强化党对高校的政治领导，增强高校党组织政治功能，加强党员教育管理监督，发挥基层党组织和党员教师作用。重视做好在优秀青年教师、留学归国教师中发展党员工作。完善教师思想政治工作组织管理体系，充分发挥高校党委教师工作部在教师思想政治工作和师德师风建设中的统筹作用。健全教师理论学习制度，全面提升教师思想政治素质和育德育人能力。加强民办高校思想政治建设，配齐建强民办高校思想政治工作队伍。

4. 培育弘扬高尚师德。常态化推进师德培育涵养，将各类师德规范纳入新教师岗前培训和在职教师全员培训必修内容。创新师德教育方式，通过榜样引领、情景体验、实践教育、师生互动等形式，激发教师涵养师德的内生动力。强化高校教师"四史"教育，规范学时要求，在一定周期内做到全员全覆盖。建好师德基地，构建师德教育课程体系。加大教师表彰力度，健全教师荣誉制度，高校可举办教师入职、荣休仪式，设立以教书育人为导向的奖励，激励教师潜心育人。鼓励社会组织和个人出资奖励教师。支持地方和高校建立优秀教师库，挖掘典型，强化宣传

感召。持续推出主题鲜明、展现教师时代风貌的影视文学作品。

5. 强化师德考评落实。将师德师风作为教师招聘引进、职称评审、岗位聘用、导师遴选、评优奖励、聘期考核、项目申报等的首要要求和第一标准，严格师德考核，注重运用师德考核结果。高校新入职教师岗前须接受师德师风专题培训，达到一定学时、考核合格方可取得高等学校教师资格并上岗任教。切实落实主体责任，将师德师风建设情况作为高校领导班子年度考核的重要内容。落实《新时代高校教师职业行为十项准则》，依法依规严肃查处师德失范问题。建立健全师德违规通报曝光机制，起到警示震慑作用。依托政法机关建立的全国性侵违法犯罪信息库等，建立教育行业从业限制制度。

三、建设高校教师发展平台，着力提升教师专业素质能力

6. 健全高校教师发展制度。高校要健全教师发展体系，完善教师发展培训制度、保障制度、激励制度和督导制度，营造有利于教师可持续发展的良性环境。积极应对新科技对人才培养的挑战，提升教师运用信息技术改进教学的能力。鼓励支持高校教师进行国内外访学研修，参与国际交流合作。继续实施高校青年教师示范性培训项目、高职教师教学创新团队建设项目。探索教师培训学分管理，将培训学分纳入教师考核内容。

7. 夯实高校教师发展支持服务体系。统筹教师研修、职业发展咨询、教育教学指导、学术发展、学习资源服务等职责，建实建强教师发展中心等平台，健全教师发展组织体系。高校要加强教师发展工作和人员专业化建设，加大教师发展的人员、资金、场地等资源投入，推动建设各级示范性教师发展中心。鼓励高校与大中型企事业单位共建教师培养培训基地，支持高校专业

教师与行业企业人才队伍交流融合，提升教师实践能力和创新能力。发挥教学名师和教学成果奖的示范带动作用。

四、完善现代高校教师管理制度，激发教师队伍创新活力

8. 完善高校教师聘用机制。充分落实高校用人自主权，政府各有关部门不统一组织高校人员聘用考试，简化进人程序。高校根据国家有关规定和办学实际需要，自主制定教师聘用条件，自主公开招聘教师。不得将毕业院校、出国（境）学习经历、学习方式和论文、专利等作为限制性条件。严把高校教师选拔聘用入口关，将思想政治素质和业务能力双重考察落到实处。建立新教师岗前培训与高校教师资格相衔接的制度。拓宽选人用人渠道，加大从国内外行业企业、专业组织等吸引优秀人才力度。按要求配齐配优建强高校思政课教师队伍和辅导员队伍。探索将行业企业从业经历、社会实践经历作为聘用职业院校专业课教师的重要条件。研究出台外籍教师聘任和管理办法，规范外籍教师管理。

9. 加快高校教师编制岗位管理改革。积极探索实行高校人员总量管理。高校依法采取多元化聘用方式自主灵活用人，统筹用好编制资源，优先保障教学科研需求，向重点学科、特色学科和重要管理岗位倾斜。合理设置教职员岗位结构比例，加强职员队伍建设。深入推进岗位聘用改革，实施岗位聘期制管理，进一步探索准聘与长聘相结合等管理方式，落实和完善能上能下、能进能出的聘用机制。

10. 强化高校教师教育教学管理。完善教学质量评价制度，多维度考评教学规范、教学运行、课堂教学效果、教学改革与研究、教学获奖等教学工作实绩。强化教学业绩和教书育人实效在

绩效分配、职务职称评聘、岗位晋级考核中的比重，把承担一定量的本（专）科教学工作作为教师职称晋升的必要条件。将教授为本专科生上课作为基本制度，高校应明确教授承担本专科生教学最低课时要求，对未达到要求的给予年度或聘期考核不合格处理。

11. 推进高校教师职称制度改革。研究出台高校教师职称制度改革的指导意见，将职称评审权直接下放至高校，由高校自主评审、按岗聘任。完善教师职称评审标准，根据不同学科、不同岗位特点，分类设置评价指标，确定评审办法。不把出国（境）学习经历、专利数量和对论文的索引、收录、引用等指标要求作为限制性条件。完善同行专家评价机制，推行代表性成果评价。对承担国防和关键核心技术攻关任务的教师，探索引入贡献评价机制。完善职称评审程序，持续做好高校教师职称评审监管。

12. 深化高校教师考核评价制度改革。突出质量导向，注重凭能力、实绩和贡献评价教师，坚决扭转轻教学、轻育人等倾向，克服唯论文、唯帽子、唯职称、唯学历、唯奖项等弊病。规范高等学校 SCI 等论文相关指标使用，避免 SCI、SSCI、A&HCI、CSSCI 等引文数据使用中的绝对化，坚决摒弃"以刊评文"，破除论文"SCI 至上"。合理设置考核评价周期，探索长周期评价。注重个体评价与团队评价相结合。建立考核评价结果分级反馈机制。建立院校评估、本科教学评估、学科评估和教师评价政策联动机制，优化、调整制约和影响教师考核评价政策落实的评价指标。

13. 建立健全教师兼职和兼职教师管理制度。高校教师在履行校内岗位职责、不影响本职工作的前提下，经学校同意，可在校外兼职从事与本人学科密切相关、并能发挥其专业能力的工作。地方和高校应建立健全教师兼职管理制度，规范教师合理兼职，坚决惩治教师兼职乱象。鼓励高校聘请校外专家学者等担任兼职教师，完善兼职教师管理办法，规范遴选聘用程序，明确兼职教师的标准、责任、权利和工作要求，确保兼职教师具有较高的师德素养、业务能力和育人水平。

五、切实保障高校教师待遇，吸引稳定一流人才从教

14. 推进高校薪酬制度改革。落实以增加知识价值为导向的收入分配政策，扩大高校工资分配自主权，探索建立符合高校特点的薪酬制度。探索建立高校薪酬水平调查比较制度，健全完善高校工资水平决定和正常增长机制，在保障基本工资水平正常调整的基础上，合理确定高校教师工资收入水平，并向高层次人才密集、承担教学科研任务较重的高校加大倾斜力度。高校教师依法取得的职务科技成果转化现金奖励计入当年本单位绩效工资总量，但不受总量限制，不纳入总量基数。落实高层次人才工资收入分配激励、兼职兼薪和离岗创业等政策规定。鼓励高校设立由第三方出资的讲席教授岗位。

15. 完善高校内部收入分配激励机制。落实高校内部分配自主权，高校要结合实际健全内部收入分配机制，完善绩效考核办法，向扎根教学一线、业绩突出的教师倾斜，向承担急难险重任务、作出突出贡献的教师倾斜，向从事基础前沿研究、国防科技等领域的教师倾斜。把参与教研活动，编写教材案例，承担命题监考任务，指导学生毕业设计、就业、创新创业、社会实践、学生社团、竞赛展演等情况计入工作量。激励优秀教师承担继续教育的教学工作，将相关工作量纳入绩效考核体系。不将论文数、专利数、项目数、课题经费等科研量化指标与绩效工资分配、奖励直接挂钩，切实发挥收入分配政策的激励导向作用。

六、优化完善人才管理服务体系，培养造就一批高层次创新人才

16. 优化人才引育体系。强化服务国家战略导向，加强人才体系顶层设计，发挥好国家重大人才工程的引领作用，着力打造高水平创新团队，培养一批具有国际影响力的科学家、学科领军人才和青年学术英才。规范人才引进，严把政治关、师德关，做到"凡引必审"。加强高校哲学社会科学人才和高端智库建设，汇聚培养一批哲学社会科学名师。坚持正确的人才流动导向，鼓励高校建立行业自律机制和人才流动协商沟通机制，发挥高校人才工作联盟作用。坚决杜绝违规引进人才，未经人才计划主管部门同意，在支持周期内离开相关单位和岗位的，取消人才称号及相应支持。

17. 科学合理使用人才。充分发挥好人才战略资源作用，坚持正确的人才使用导向，分类推进人才评价机制改革，推动各类人才"帽子"、人才称号回归荣誉、回归学术的本质，避免同类人才计划重复支持，以岗择人、按岗定酬，不把人才称号作为承担科研项目、职称评聘、评优评奖、学位点申报的限制性条件。营造鼓励创新、宽容失败的学术环境，为人才开展研究留出足够的探索时间和试错空间。严格人才聘后管理，强化对合同履行和作用发挥情况的考核。加强对人才的关怀和服务，切实解决他们工作生活中的实际困难。

七、全力支持青年教师成长，培育高等教育事业生力军

18. 强化青年教师培养支持。鼓励高校扩大博士后招收培养数量，将博士后人员作为补充师资的重要来源。建立青年教师多元补充机制，大力吸引出国留学人员和外籍优秀青年人才。鼓励青年教师到企事业单位挂职锻炼和到国内外高水平大学、科研院所访学。鼓励高校对优秀青年人才破格晋升、大胆使用。根据学科特点确定青年教师评价考核周期，鼓励大胆创新、持续研究。高校青年教师晋升高一级职称，至少须有一年担任辅导员、班主任等学生工作经历，或支教、扶贫、参加孔子学院及国际组织援外交流等工作经历。

19. 解决青年教师后顾之忧。地方和高校要加强统筹协调，对符合公租房保障条件的，按政策规定予以保障，同时，通过发展租赁住房、盘活挖掘校内存量资源、发放补助等多种方式，切实解决青年教师的住房困难。鼓励采取多种办法提高青年教师待遇，确保青年教师将精力放在教学科研上。鼓励高校与社会力量、政府合作举办幼儿园和中小学，解决青年教师子女入托入学问题。重视青年教师身心健康，关心关爱青年教师。

八、强化工作保障，确保各项政策举措落地见效

20. 健全组织保障体系。将建设高素质教师队伍作为高校建设的基础性工作，强化学校主体责任，健全党委统一领导、统筹协调，教师工作、组织、宣传、人事、教务、科研等部门各负其责、协同配合的工作机制。建立领导干部联系教师制度，定期听取教师意见和建议。落实教职工代表大会制度，依法保障教师知

情权、参与权、表达权和监督权。加强民办高校教师队伍建设，依法保障民办高校教师与公办高校教师同等法律地位和同等权利。强化督导考核，把加强教师队伍建设工作纳入高校巡视、"双一流"建设、教学科研评估范围，作为各级党组织和党员干部工作考核的重要内容。加强优秀教师和工作典型宣传，维护教师合法权益，营造关心支持教师发展的社会环境，形成全社会尊师重教的良好氛围。

中共中央宣传部　教育部关于印发《新时代学校思想政治理论课改革创新实施方案》的通知[*]

教材〔2020〕6号

为全面贯彻党的教育方针，深入落实中共中央办公厅、国务院办公厅《关于深化新时代学校思想政治理论课改革创新的若干意见》精神，充分发挥思想政治理论课（以下简称思政课）在立德树人中的关键课程作用，循序渐进、螺旋上升地开设好大中小学思政课，现就新时代学校思政课课程教材改革创新提出如下实施方案。

一、基本要求

一是把握新时代。坚持用习近平新时代中国特色社会主义思想铸魂育人，加强"四个自信"教育，将学习贯彻习近平新时代中国特色社会主义思想体现在大中小学各学段的课程目标、课程设置和课程教材内容中，实现全覆盖、贯穿全过程。二是推进一体化。建立纵向各学段层层递进、横向各课程密切配合、必修课选修课相互协调的课程教材体系，实现课程目标、课程设置、课

---

[*] 《中共中央宣传部　教育部关于印发〈新时代学校思想政治理论课改革创新实施方案〉的通知》，（2020-12-22）[2022-11-10]，http://www.moe.gov.cn/srcsite/A26/jcj_kcjcgh/202012/t20201231_508361.html。

程教材内容的有效贯通。三是突出创新性。完善课程教材建设机制，优化教材内容，创新教学方法，推动思政课在改进中加强、在创新中提高。四是增强针对性。遵循思想政治工作规律、教书育人规律、学生成长规律，编写适用不同类型高校的教材，进一步增强思政课的思想性、理论性和亲和力、针对性。五是注重统筹性。总体推进，分类指导，分步实施，积极稳妥地做好各项工作。

二、课程目标体系

按照循序渐进、螺旋上升的原则，立足于思政课的政治性属性，对大中小学思政课课程目标进行一体化设计，以了解学习、理解把握习近平新时代中国特色社会主义思想为课程主线，在政治认同、家国情怀、道德修养、法治意识、文化修养等方面提出明确要求，引导学生坚定"四个自信"，做德智体美劳全面发展的社会主义建设者和接班人。

（一）小学阶段重在培养学生的道德情感

重点引导学生知晓基本国情，尊敬国旗国徽，会唱国歌；了解革命领袖和民族英雄的生平故事，培养学生对习近平新时代中国特色社会主义思想的情感认同；知道社会主义核心价值观，初步形成规则意识，知道宪法有关常识，初步具有依据法律维护自身权益的意识；讲礼貌、守纪律、知对错；形成爱党、爱国、爱社会主义、爱人民、爱集体的情感，具有做社会主义建设者和接班人的美好愿望。

（二）初中阶段重在打牢学生的思想基础

重点引导学生初步了解习近平新时代中国特色社会主义思想，感知马克思主义的思想力量和中国特色社会主义的实践成就；增强国家意识和国情观念，树立民族自尊心、自信心、自豪感；加深理解社会主义核心价值观，了解与学生日常生活密切相关的法律常识，具有初步的宪法意识、法治观念等；明是非、讲规则、辨善恶；把党、祖国、人民装在心中，强化做社会主义建设者和接班人的思想意识。

（三）高中阶段重在提升学生的政治素养

重点引导学生初步掌握马克思主义基本原理，了解马克思主义中国化历史进程及其理论成果，理解习近平新时代中国特色社会主义思想；树立正确的历史观、民族观、国家观、文化观，认同伟大祖国、中华民族、中华文化、中国共产党、中国特色社会主义，积极践行社会主义核心价值观，树立宪法法律至上、法律面前人人平等观念，进一步增强法治意识；有序参与公共事务，勇于承担社会责任，积极行使人民当家作主的政治权利，明方向、遵法纪、知荣辱；衷心拥护党的领导和我国社会主义制度，形成做社会主义建设者和接班人的政治认同。中等职业学校（含技工学校）课程要体现职业教育特色。

（四）大学阶段重在增强学生的使命担当

重点引导学生系统掌握马克思主义基本原理和马克思主义中国化理论成果，了解党史、新中国史、改革开放史、社会主义发展史，认识世情、国情、党情，深刻领会习近平新时代中国特色社会主义思想，培养运用马克思主义立场观点方法分析和解决问题的能力；自觉践行社会主义核心价值观，尊重和维护宪法法律权威，识大局、尊法治、修美德；矢志不渝听党话跟党走，争做社会主义合格建设者和可靠接班人。本科及高等职业学校专科课程重在加强理论教育和学习，高等职业学校课程还要体现职业教育特色。研究生课程重在探究式教育和学习。

三、课程体系

根据学生成长规律，结合不同年龄段学生的认知特点，构建大中小学一体化思政课课程体系。在小学及初中阶段"道德与法治"、高中阶段"思想政治"、大学阶段"思想政治理论课"中落实课程目标要求，重点推进习近平新时代中国特色社会主义思想融入课程，实现整体设计、循序渐进、逐步深化，切实提高课程设置的针对性实效性。

（一）小学、初中阶段

小学、初中阶段开设"道德与法治"必修课程，课程教学内容主要包括中国特色社会主义、品德、法律常识、中华文化、心理健康等，课时占小学、初中阶段九年总课时的6%~8%。

（二）高中阶段

1. 普通高中课程设置

立足学习习近平总书记最新重要讲话精神，普通高中开设"思想政治"必修课程和选择性必修课程。

必修课程教学内容包括中国特色社会主义、经济与社会、政治与法治、哲学与文化，共6学分。

选择性必修课程围绕当代国际政治与经济、法律与生活、逻辑与思维等开展教学，共6学分。

2. 中等职业学校课程设置

中等职业学校（含技工学校）开设"思想政治"必修课程和选修课程。

必修课程教学内容包括中国特色社会主义、心理健康与职业生涯、哲学与人生、职业道德与法治，共144学时。

围绕时事政策教育，中华优秀传统文化、革命文化、社会主义先进文化教育，法律与职业教育，国家安全教育，民族团结进步教育，就业创业创新教育，公共卫生安全教育等教学内容，开设选修课程，不少于36学时。

（三）大学阶段

大学阶段开设"思想政治理论课"必修课程和选择性必修课程。

1. 大学阶段必修课程

本科课程设置：
(1) 马克思主义基本原理 3 学分
(2) 毛泽东思想和中国特色社会主义理论体系概论 5 学分
(3) 中国近现代史纲要 3 学分
(4) 思想道德与法治 3 学分
(5) 形势与政策 2 学分

在全国重点马克思主义学院率先全面开设"习近平新时代中国特色社会主义思想概论"课，学分按有关要求执行。

高等职业学校专科课程设置：
(1) 毛泽东思想和中国特色社会主义理论体系概论 4 学分
(2) 思想道德与法治 3 学分
(3) 形势与政策 1 学分

硕士研究生课程设置：
新时代中国特色社会主义理论与实践 2 学分

博士研究生课程设置：
中国马克思主义与当代 2 学分

2. 大学阶段选择性必修课程

各高校结合本校实际，统筹校内通识类课程，围绕马克思主义经典著作，党史、新中国史、改革开放史、社会主义发展史，中华优秀传统文化、革命文化、社会主义先进文化，宪法法律等，开设本科及高等职业学校专科选择性必修课程，确保学生至少从"四史"中选修1门课程；围绕习近平新时代中国特色社会主义思想专题研究、马克思恩格斯列宁经典著作选读、马克思主义与社会科学方法论、自然辩证法概论等，开设硕士、博士研究生选择性必修课程，硕士研究生至少选修1学分课程。各高校要安排选择性必修课程必要学时，充分发挥马克思主义学院统筹审核把关作用。

各高校要规范实践教学，把思想政治教育有机融入社会实践、志愿服务、实习实训等活动中，切实提高实践教学实效。

四、课程内容

在各学段现有课程内容基础上，重点强化习近平新时代中国特色社会主义思想进课程进教材，培育和践行社会主义核心价值观，推进法治教育、劳动教育、总体国家安全观教育、公共卫生安全教育等方面内容的全面融入，实现学段纵向衔接、逐层递进，学科、课程协同联动。

（一）小学课程

以学生的生活为基础，主要讲授学生与自我、家庭、班级、社会、国家、世界、自然等的关系，结合"看到什么""听到什么"，了解中国特色社会主义的由来与发展，懂得当代中国怎样从站起来、富起来到强起来的奋斗历程，初步了解新时代"两步走"战略安排,帮助小学生从情感上认同伟大祖国、中华民族、中华文化、中国共产党、中国特色社会主义。

(二) 初中课程

以学生的体验为基础,主要讲授个人和集体、自我和时代、社会规则和社会秩序、社会责任和社会担当、宪法和法律、国家利益和国家目标、中国和世界等内容,通过呈现党和国家事业在各方面取得的历史性成就,引导学生明确"是什么",树立"四个自信"。

(三) 高中课程

以学生的认知为基础,讲授中国特色社会主义的开创与发展,习近平新时代中国特色社会主义思想的丰富内涵、思想精髓和理论意义,帮助学生理解社会主义基本经济制度、中国特色社会主义政治发展道路、中华优秀传统文化、革命文化和社会主义先进文化等内容,引导学生理解"为什么",坚定"四个自信"。中等职业学校(含技工学校)课程还要体现职业教育特色,加强对学生的心理健康与职业道德教育。

(四) 本科及高等职业学校专科课程

本科及高等职业学校专科要围绕以下课程内容,根据不同类型学校和不同层次人才培养要求,进一步增强教学的针对性和实效性。

"马克思主义基本原理",主要讲授反映马克思主义世界观和方法论的最基本的原理,帮助学生深刻领会、准确把握马克思主义的根本性质和整体特征,学习掌握贯穿其中的马克思主义立场观点方法,提升运用马克思主义基本原理分析世界的能力,增强对人类社会发展规律、特别是中国特色社会主义发展规律的认识和把握，树立共产主义远大理想和中国特色社会主义共同理想。

"毛泽东思想和中国特色社会主义理论体系概论"，主要讲授中国共产党把马克思主义基本原理同中国具体实际相结合产生的马克思主义中国化的两大理论成果，帮助学生理解毛泽东思想、邓小平理论、"三个代表"重要思想、科学发展观、习近平新时代中国特色社会主义思想是一脉相承又与时俱进的科学体系，引导学生深刻理解中国共产党为什么能、马克思主义为什么行、中国特色社会主义为什么好，坚定"四个自信"。

"中国近现代史纲要"，主要讲授中国近代以来争取民族独立、人民解放和实现国家富强、人民幸福的历史，帮助学生了解党史、国史、国情，深刻领会历史和人民选择马克思主义、选择中国共产党、选择社会主义道路、选择改革开放的必然性。

"思想道德与法治"，主要讲授马克思主义的人生观、价值观、道德观、法治观，社会主义核心价值观与社会主义法治建设的关系，帮助学生筑牢理想信念之基，培育和践行社会主义核心价值观，传承中华传统美德，弘扬中国精神，尊重和维护宪法法律权威，提升思想道德素质和法治素养。高等职业学校结合自身特点，注重加强对学生的职业道德教育。

"形势与政策"，主要讲授党的理论创新最新成果，新时代坚持和发展中国特色社会主义的生动实践，马克思主义形势观政策观、党的路线方针政策、基本国情、国内外形势及其热点难点问题，帮助学生准确理解当代中国马克思主义，深刻领会党和国家事业取得的历史性成就、面临的历史性机遇和挑战，引导大学生正确认识世界和中国发展大势，正确认识中国特色和国际比较，正确认识时代责任和历史使命，正确认识远大抱负和脚踏实地。

（五）研究生课程

"新时代中国特色社会主义理论与实践"，专题讲授新时代中国特色社会主义理论和实践的重大问题,帮助学生进一步掌握中国特色社会主义理论体系,深化对习近平新时代中国特色社会主义思想的认识,坚定对马克思主义的信仰、对中国特色社会主义的信念、对实现中华民族伟大复兴中国梦的信心。

"中国马克思主义与当代",运用当代中国马克思主义的基本观点,深入分析当代世界重大社会问题和国际经济、政治、文化、生态环境等热点问题、全球治理问题、当代科学技术前沿问题、当代重大社会思潮和理论热点等,提高学生正确分析、研判当代世界问题的能力和水平。

五、教材体系建设

(一)完善教材编审制度

在党中央集中统一领导下,国家教材委员会指导和统筹大中小学思政课课程标准、教学大纲和教材的统编统审统用。依据小学、初中、高中阶段思政课课程标准,教材实行"一标一本",由教育部负责组织编写。大学阶段必修课教材实行"一纲一本"。由中央宣传部会同教育部组织编写本科、高等职业学校专科、研究生必修课教材,按程序审核后报中央审定,适时推出。适时组织编写"习近平新时代中国特色社会主义思想概论"课教材,规范"形势与政策"课教学资料编写使用。由教育部根据教学实际情况组织编写选择性必修课教学大纲或教材。地方或高校开设的思政课选修课教材,由地方或高校负责组织审核选用。

(二)健全一体化教材建设机制

建立大中小学思政课教材主编和主要编写人员联席沟通制度,定期研究各学段教材编写内容。健全一体化教材建设的编审专家库,加强编写人员与审核专家的沟通交流,发挥审核专家的指导作用。建立一体化教材建设监测反馈机制,跟踪研判评估教材使用情况,为加强教材研究和修订完善提供支撑。

(三)加强教材研究

重视和加强思政课课程教材建设的基础理论、基本概念、基本规律、重大问题研究。持续开展课程教材一体化研究,每门思政课教材内容、不同学段及同一学段各门思政课教材内容的相互关系研究,教材文献资料、学术话语、表述方式、呈现形式研究,以及思政课课程与教材、教学评价之间的互动研究等,促进思政课教材的科学性、权威性与针对性、生动性有机结合。

(四)构建立体化教材体系

加强大中小学思政课教材配套用书的建设和管理,依规进行编审工作。国家统编的中小学思政课教材的配套用书,按现行要求组织编写。高校思政课必修课教材的配套用书,根据需要由国家统一组织编写审核、推荐使用。支持、鼓励研制优秀教案、课件和案例等,推进数字资源和网络信息资源库建设,构建大中小学思政课立体化教材体系。

六、组织领导

(一)加强领导

各地各级教育部门和学校要从坚持马克思主义在意识形态领域指导地位的根本制度的高度,切实加强领导,认真组织实施,作出具体的实施工作安排,确保取得实效。省级教育部门要统筹推进大中小学思政课课程教材一体化建设,做好组织领导和督促检查，落实大中小学思政课建设专项经费。省级宣传部门要从落实意识形态工作责任制的高度推进实施。各学校要加强党组织对学校思政课的统一领导，落实党组织书记、校长带头抓思政课机制。

（二）组织好教学

开齐开足课程，大中小学都要高度重视思政课教学，确保学时学分和教学质量。健全教学机构，小学应配备一定数量的专职思政课教师，中学应配齐专职思政课教师，高校要根据课程设立教研室（部）。鼓励有条件的高校和中小学组建思政课一体化教学改革创新联合体。充分挖掘各学科专业课程蕴含的思想政治教育资源，推进各类课程与思政课同向同行。在教学中注重多样化评价方式，综合考核学生的思想政治素质。

（三）培训好教师

针对教材重点内容和难点问题，组织开展大中小学思政课教师全员培训、专题研修，确保实现全覆盖。围绕教材使用，分课程、跨课程、跨学段组织大中小学思政课教师集体备课，每年至少一次。结合教学实践，组织大中小学思政课教师开展交流研讨，共同探讨思政课一体化教学规律。

（四）使用好教材

统一使用国家统编教材，把教材使用情况作为教学监测、评估、检查的重要内容和主要指标。组织教师加强教材重点难点的研究，准确把握教材的基本精神和主要内容。做好教材内容向教学内容的转化，组织教师编写教案、制作课件、整理案例，切实把教材体系转化为教学体系。

本方案从2021年秋季入学的新生开始，在全国大中小学普遍实施。

后 记

提笔写"后记",对我来讲是第三次了。前两次是为自己主编的《转基因：魔鬼？天使？》和《中央苏区时期党群关系建设的历史考察》而作。

2021年年初父母亲那句"工作着是美丽的"尚在耳边萦绕,可猛然发现教书育人时光已流淌了三十多年,挥手作别校园的日子快到了。作为一个有三十多年教龄的思想政治理论课教师,可以通过编撰一部思想政治教育教学的书稿来致敬自己的三十载园丁人生,要感谢一直帮助和支持自己思想政治理论教学的同行及亲友。

如今,这本凝聚着我几十年教书育人厚重心得、在各方力量支持下完成的书稿即将付梓。伴随着激动,更多的是发自肺腑的感恩与感谢！

首先要感恩的是改革开放伟大时代。在改革开放的大潮中,自己从1985年参加工作投入中学教学,到2005年转入高校教学投身思想政治理论课教学,三尺讲台镌刻着自己致力于思想政治理论课教学与研究的奋进之志,流淌着"得天下英才而教育之"不断"守正创新"的教改之歌。

其次要感恩的是我亲爱的父母！他们始终如一、无私地支持着笔者的思想政治理论课教学研究,如阳光般温暖而智慧的光辉始终照耀着笔者成长的每一级人生阶梯！仅以此书献给双亲。感谢黄玉碧老师，总是在我教学科研的关键时刻，给予关键支持！执子之手的情缘与真谛大概亦就如此吧。感谢鑫赟，在写作有些烦闷的时候，常常被你奇幻的语风画意所触动，写作思路豁然开朗。

最后要感谢四川农业大学社科联和马克思主义学院各位老师的大力支持和无私帮助！尤其感谢何思好老师、王继翔老师、何宇老师以及一起申报四川农业大学教学成果奖、四川省教学成果奖的各位老师！感谢四川大学出版社编辑为此书的出版所做的工作。特别值得一提的是笔者的研究生彭小曼、吴丹、张家燕、牟巧、邱华等同学参与了书稿的收集与整理。尤其是邱华同学作为本书的第二作者，为本书的编撰与校对等工作付出了很多。难忘和你们亦师亦友的研讨岁月，师生同享研究之趣、共品成长之乐！

本书的研究成果多源于自己主持的四川省和校级课题，笔者以"择一物，终一生"的坚守，始终力行在思想政治理论教育教学与理论研究的大道上。

鉴于时间和水平所限，书中难免存在疏漏甚至错误之处，敬请各位批评指正！

雷志敏
2022年3月于成都